新女性主义研究贻芳译丛

英国媒体中的女性领袖与性别成见：
后结构主义方法

茱迪思·巴克斯特　著

沈继荣　译

东南大学出版社
SOUTHEAST UNIVERSITY PRESS
·南京·

内容提要

本书通过对英国代表性媒体中有关女性领导人的报道或文章,以分析隐含其中的话语建构方式及性别成见,以为话语分析者提供一个清晰且渐进的方法论,从而探究报纸等媒体如何以及为何以这种方式"建构"女性领导人形象,为相关研究者提供一个这类课题研究的新视角。

图书在版编目(CIP)数据

英国媒体中的女性领袖与性别成见:后结构主义方法 /(英)茱迪思・巴克斯特(Judith Baxter)著;沈继荣译. — 南京:东南大学出版社,2022.2
书名原文:Women Leaders and Gender Stereotyping in the UK Press: A Poststructuralist Approach
ISBN 978-7-5641-9683-7

Ⅰ.①英… Ⅱ.①茱…②沈… Ⅲ.①妇女学-研究 Ⅳ.①C913.68

中国版本图书馆 CIP 数据核字(2021)第 193169 号
图字:10-2021-461 号

First published in English under the title
Women Leaders and Gender Stereotyping in the UK Press: A Poststructuralist Approach
Written by Judith Baxter, edition: 1
Copyright　Springer Nature Singapore Pte Ltd., 2018*
This edition has been translated and published under license from Springer Nature Singapore Pte Ltd..
Springer Nature Singapore Pte Ltd. Takes no responsibility and shall not be made liable for the accuracy of the translation

责任编辑:王艳萍　　责任校对:子雪莲　　封面设计:王玥　　责任印制:周荣虎

英国媒体中的女性领袖与性别成见:后结构主义方法
Yingguo Meiti Zhong De Nüxing Lingxiu Yu Xingbie Chengjian: Houjiegou Zhuyi Fangfa

著　者	茱迪思・巴克斯特	译　者	沈继荣
出版发行	东南大学出版社		
社　址	南京市四牌楼2号(邮编:210096　电话:025-83793330)		
网　址	http://www.seupress.com	电子邮箱	press@seupress.com
经　销	全国各地新华书店		
印　刷	广东虎彩云印刷有限公司	开　本	700 mm×1000 mm　1/16
印　张	9.75	字　数	200千字
版　次	2022年2月第1版	印　次	2022年2月第1次印刷
书　号	ISBN 978-7-5641-9683-7	定　价	68.00元

本社图书若有印装质量问题,请直接与营销部联系,电话:025-83791830。

话语后学科研究

丛书编辑

约翰内斯·安格尔穆勒

华威大学,英国考文垂

本书重要且非常及时,与性别、语言和领导力研究的学者高度相关。同时,本书通俗易懂,通过大量商业、政治和娱乐业案例,探讨英国媒体如何继续性别化、性征化和成见化女性领导人。书中各章整合符号学和话语分析工具,令人信服地阐明了当前表征杰出女性的问题本质,并提供了一种逆向阅读方式,使不同的解读得以出现。

——斯蒂芬妮·施努尔,英国华威大学

本书令人耳目一新,它不仅考察了相关英国报纸媒体如何建构和表征高层女性,而且还为读者和分析人士提供了批评性剖析相关建构和表征的策略。茱迪思·巴克斯特成功探讨了复杂的分析性问题,其所列举的实例发人深省,写作风格清晰鲜活。对于我们这些寻求更好地了解公共话语中性别建构的多重、矛盾和竞争方式的人来说,本书将是一个宝贵的资源。

——莉娅·利特塞丽缇,英国伦敦大学城市学院

本书引人注目,它通过对英国报纸媒体的分析,为社会上流通的关于女性领导人的主流话语提供了实证依据。本书深入、全面地考察了与女性领导人日常身份建构息息相关的可及性"主体位置"范围,称得上是对实际工作场所中领导力问题研究的真正补充。

——多利安·凡·德·米鲁普,比利时鲁汶大学

为及时回应人们对性别化领导人问题的日益关注和深入细致了解的需求,本书精心选择了相关英国媒体,对其中女性领导人的性别化表征所折射的种种成见

和偏见假设进行了前所未有的批评性研究。巴克斯特的框架整合了敏锐、多层次的理论方法,不仅识别、描述了种种性别成见,更重要的是,她对引人注目、最新的新闻媒体实例,进行了极具洞察力的解构和重构,从而扩大和深化了研究的范围。

——柯妮莉娅·伊利耶,瑞典马尔默大学

话语后学科研究在关注话语理论与话语分析之间互动的同时,重点关注话语研究中的知识挑战。这些贡献跨越当今社会科学的学科划分,探讨语言和社会交叉的关键问题。

更多丛书信息,请参阅:http://www.springer.com/series/14534.

感谢布莱恩的启发和支持!

前　言

尽管女性领导人在诸多专业领域取得了巨大成就，但她们因在英国全国性报纸上的表征或"话语建构"的方式而每天都面临着性别歧视。妖魔化女性，有时是通过明确的性别成见化，而在其他时候，这种歧视几乎不太明显，只是通过微妙的含沙射影、幽默、暗示的假设，甚至是施恩型的赞美方式来进行暗示。在很多情况下，性别成见化的使用向读者传达一个信息，即女性不适合担任领导职务。

本书有四个目标。第一是探讨英国三家政治取向不同的全国性报纸——印刷版和在线版的《星期日泰晤士报》《卫报》和《每日邮报》——的文章中，来自不同职业的女性领导人在多大程度上是（或不是）性别化的。作为该目标的一部分，我探讨女性领导人是否被普遍认为适合担任领导职务。虽然这些报纸仅是本人经常接触的，因此并不代表所有英国报纸的读者群和政治立场，但它们的确提供了一系列的政治取向、读者群、编辑政策和符号形式（The Paperboy，2017）。第二个目标是分析那些涉及女权主义议程谱的文章对女性领导人的建构，即该类文章对女权运动的隐含取向。例如，有些文章仇视女性和/或反女权主义，有些显然是性别中立，而有些文章对女性较为友好和/或亲女权主义。这一分析旨在论证某些类型的文本公开妖魔化女性领导人，而其他文本则以性别中立或现代女权主义的方式，隐藏或重新包装性别化假设。第三个目标是探索三个不同批评性视角的使用，以分析和评价它们在解读潜在的性别化报纸文本方面各自的、离散的和交叉的贡献。本书最后一个目标是探讨第三个批评性视角的未来潜力，该视角提供分析报纸文本的后结构主义"反身法"。这种方法建立在最初用来分析口语交际的"女权后结构主义话语分析"的基础上（Baxter，2003）。反身法整合我们耳熟能详的解构策略

(如 Barthes，1973；Derrida，1967)，鼓励读者逆向阅读文本，并辅之以"重构"策略，从而帮助读者重组文本，以释放更积极、多样的洞见。总之，本书为话语分析者提供一个清晰且渐进的方法论，以探究报纸如何以及为何以它们的方式描绘女性领导人，并将赋予领导、语言和性别以及媒体研究的学生能够以更大的主观能动性和自主性重读此类文章。

茱迪思·巴克斯特
沈继荣

目　录

第一章　英国报纸中女性领导人的性别化 ························· 1
　　前言 ··· 1
　　理论背景 ··· 3
　　方法论 ·· 11
　　参考文献 ·· 16

第二章　报纸中的女性领导人成见 ································ 21
　　前言 ·· 21
　　女性领导人成见类型 ··· 23
　　其他成见 ·· 26
　　研究设计 ·· 27
　　分析 ·· 31
　　小结 ·· 40
　　参考文献 ·· 41

第三章　女权主义议程谱 ·· 44
　　前言 ·· 44
　　亲女权主义立场 ·· 45
　　性别中立立场 ·· 47
　　反女权主义立场 ·· 49
　　分析 ·· 52

	参考文献	61
第四章	**反身法：原则与方法论**	65
	前言	65
	理论背景	67
	反身法的运用	70
	参考文献	84
第五章	**反身法的应用**	87
	前言	87
	解析反女权主义文章	88
	解析性别中立文章	97
	解析亲女权主义文章	105
	参考文献	113
第六章	**反身法的未来**	116
	前言	116
	目标1：探讨女性是否被表明(不)适合担任领导职务	117
	目标2：考察报纸文章如何定位于女权主义议程谱	119
	目标3：评估三种批评性视角的使用	122
	目标4：考虑反身法分析报纸文章的未来潜力	132
	结语	134
	参考文献	135
索引		138

第一章　英国报纸中女性领导人的性别化

摘要： 第一章界定本书的中心论点：尽管女性在教育和诸多职业中日益成功,但报纸往往以本质主义、简化和/或性征化的方式建构高层女性。这类媒体表征给有抱负的女性带来潜在的危害,因为其传达的信息是,她们不适合在男性世界中担任领导职务。即使是那些带有女权主义导向的报纸,也可能会回归到表征女性领导人的现代主义观、本质主义观,而这种表征并非总是有助于她们的事业。读者可以在解构这类表征中发挥重要作用,从而减轻可能的"危害"。我介绍本书的三个批评性视角:女性领导人成见框架、女权主义议程谱以及后结构主义"反身"视角。
关键词： 性别化话语　成见化　女性领导人　领导　女权后结构主义

前言

吉娜·米勒是一名女商人,在迫使英国政府援引"第50条"以让英国退出欧盟(简称"脱欧")之前,她向议会寻求投票。在与政府力量的抗衡中,该英国公民大获全胜。其后,米勒在全国性报纸和其他地方承受了诸多责难。她说:

> 你的一切都饱受批评,但对男人来说,情况却不一样。这就是为什么我们对媒体中的女性表征如此不满。你为什么要把自己置于被无情攻击的境地？（Gina Miller,转引自《卫报》,Addley,2017）

尽管女性领导人在各自的职业领域取得了非凡的成就,但很多英国国家性报纸仍然以性别化、成见化和/或本质化的方式来建构高层女性。这些媒体报道给那些有抱负的资深女性领导人带来了潜在的危害,因为其传达的信息是,在男性主宰的职业世界中,女性不适合担任领导职务。此外,这种表征实际上可能会阻止女性参与、领导那些吸引媒体关注的公共行动、政治运动或风险企业。报纸对杰出女性的建构各异,从公然批评、蔑视、谩骂,到以更微妙、倾斜和隐蔽的方式来传达信息。女性在高级职务上仍占少数,因而显得与众不同,这种差异通常会吸引新闻媒体的负面关注。吉娜·米勒对此感同身受(上文所引)。她饱受新闻媒体文章的性别和种族歧视,同时,社交媒体上发布的公众反馈又进一步放大了这种效果(Addley, 2017; J. Sunderland, 2017; Tolhurst, 2017)。然而,本书的研究表明,更为普遍的是,尽管英国法律(HMSO, 2010)庄严昭示着女性的平等待遇,但媒体对其的认知却依然鼓励对受压女性进行公然或残余的性别化假设。本书旨在让性别、语言和领导力研究者通过种种话语分析,让这种假设浮出水面,以助力女权主义者的诉求,即当女性领导人被默化时,给予其发声的空间。

本书探讨英国全国性媒体如何建构和表征三种职业领域(政治、商业和娱乐传媒)的女性领导人和其他杰出女性。我考察了三家政治取向、读者群各异的报纸——《每日邮报》《星期日泰晤士报》和《卫报》,探讨其中女性领导人被性别化、成见化,时而性征化建构的程度,以明示其中被压制、掩饰或默化的性别化假设。其中,《卫报》通常采取自由女权主义立场(News UK, 2017),很少有人指责其诋毁女性。据此,有些读者或许会质疑我为何将其纳入考察范围。我之所以这么做,并非因为我想对两类文章——倾向于贬低女性领导人的文章和支持、赞美女性领导人的文章进行批评性对比。相反,在我看来,《卫报》可以根据其自由女权主义立场,对女性领导人进行简化式建构,而这并非总是有助于她们的事业。这种立场立足于"本质主义"性别假设:二元性别分类、女性普世性本质,以及当情况更为复杂时,往往只是简单地概念化处理女性在男权话语中的受害者地位。这种对男女社会类别的本质化假设通常会导致对其假设特征的性别成见化(Coates, 2004),而这反过来又可能鼓励读者嘲讽或妖魔化新闻对象(news subjects)[①]。

本书采取女权后结构主义立场,即报纸文章并非总是以负面或限制性的方式

[①] 巴克斯特区分新闻对象(news subjects)和新闻主体(news agents)。在她看来,前者是被动的,指报纸报道或特写的人物,后者则具有主观能动性。(译者注)

建构女性,相反,它们为多重和有争议的意义提供了空间(Davies & Harré, 1990;Walkerdine, 2002; Weedon, 1997)。因此,即使是那些明确诋毁女性领导人的文章,也会在文本中提供空缺、含糊和矛盾之处,从而为学者们提供另类解读的空间。我提出三个独立的批评性视角,基于这些视角,学者们可以让隐藏的假设浮出水面,以"逆向"阅读性别化文本。每一个批评性视角都提供"解构"表层文本,并产生多面、更赋权的女性多元身份建构的方法(Derrida, 1967)。三视角法支持女权后结构主义立场,即文本中多重、对立的"窗口"既可以提供更丰富的文本含义和见解(Baxter, 2003),也可以提供多样化方式,用以观察、阅读、分析和评论种种互为补充但又相互竞争的报纸文本(Cooper, 1989)。这三个视角都应该有助于女权主义学者将报纸文章批评为"性别歧视"的标准路径,发展到对文本进行多重、正面的解读。本书倡导的方法不仅会让读者掌握更大的主观能动性,以解构并重构此类文章,而且会提供关于女性领导人这一新闻对象的新鲜见解。

本章中,我首先介绍本书的理论、概念框架及主要目标,接着讨论我对"女性"一词的策略性使用,以及为什么我认为这种策略性措施只是临时性的,最后介绍我的论点,即挑战二元分类是女权主义解构阅读的一个关键要求。

理论背景

本节中,我首先讨论对本书至关重要的核心概念——女性领导、性别、性别化话语,以及这些概念之间的关系。接着探讨一般的新闻媒体,特别是报纸如何利用这些概念来建构和表征女性领导人,以及这些建构如何影响我们对女性领导人的看法。在整本书中,我之所以把女领导人在报纸文章中的呈现方式称作"建构",主要是因为其是说服读者接受现实所给定版本的活跃文本构型。另外,我使用的"表征"一词具体表示"根据给定的成见特征进行表征"(参阅第二章和第四章)。最后介绍三个批评性视角,以比较三家英国报纸对担任高级职务的女性(以下简称"高层女性")的表征差异。第一个是坎特的领导成见模型(leadership stereotypes model);第二个是我所说的"女权主义议程谱"(feminist agenda spectrum);第三个是改编自女权后结构主义话语分析

(Feminist Poststructuralist Discourse Analysis,FPDA)的新"反身"法。这三个视角会在以下各章中得到更充分的解释。

✳女性与领导(B)

我们生活的时代前所未有:在全球范围内,越来越多的女性被任命为政治、商业、大众传媒和很多其他行业的高层领导。然而,女性领导人仍然只占少数。在政界,不少女性已成为国家元首和政府首脑。2017年初,当选的政府首脑有安格拉·默克尔(德国)、特蕾莎·梅(英国)、谢赫·哈西娜(孟加拉国)、埃尔纳·索尔伯格(挪威)、萨拉·库冈格尔瓦(纳米比亚)和贝娅塔·希德沃(波兰)。世界各地有更多的女性担任元首或总督。2016年,希拉里·克林顿与美国第一位女性总统失之交臂,尽管她获得了更多的个人选票。尽管如此,在198个国家中,仍然只有10位女性国家元首(UN Women,2017)。这种模式也反映在其他行业中,如商业和传媒。在英国,富时100指数(FTSE 100)董事会中的女性比例稳步上升至26%,富时250指数(FTSE 250)董事会中的女性比例上升至20.4%(Sealy et al.,2016)。在美国,女性在董事会席位中占比为19.9%,在高管职位中占比为25.1%(Catalyst,2016)。在英国新闻界,女性目前占在职人数的45%,占新进人员的65%。英国新闻奖是衡量有多少女性被认可为顶级媒体人的一项参数。然而,在2016年的114名入围名单中,仅有20名女性媒体人(Jackson,2016)。

近年来,学术领域的研究数量激增,考察越来越多的女性成为掌权者以及她们在获得这些高层职务时仍然面临障碍的原因(如Adams,2016;Brescoll,2016;Eagly & Heilman,2016;Hoyt & Murphy,2016)。此类研究大多关注的是实际工作场所中的女性领导人,而不是媒体对她们的建构和表征方式。然而,这些研究的确提供了各行各业中高层女性缺乏的原因,这无疑有助于解释本书所探讨的各种媒体建构和表征形式。伊格利和埃尔曼(Eagly & Heilman,2016)回顾了74篇关于性别和领导力的文章。他们发现,女性升任领导职务的比例不如男性的原因有很多。在他们看来,主要障碍是性别歧视和偏见。在商界,这有时被称作"无意识偏见":我们基于自己的经验和背景,根据人们的性别、种族或阶层,对她们做出难以置信的快速定论(Equality Challenge Unit，2017)。伊格利和埃尔曼(Eagly & Heilman，2016)认为，这种歧视源于对领导力的定义，即主要使用文化意义上的男性术语来定义领导力，而这于女性无利。正是这种定义导致了工作场所和媒体中多种成见类型的出现。可以说，两者均将领导人和职业实践建构为以男性为中心，女性领导人则是例外的范式。性别成见不仅会影响人们认为谁"适合"担任领导职务的先入之见，而且会影响女性领导人在日常工作、生活中的表现。霍伊特和墨菲(Hoyt & Murphy，2016：387)指出，"成见威胁"这种障碍主要源于高层女性常常会发现自己陷入两难境地：高度"群体化"的女性被批评为软弱、缺乏领导能力，而高度"个体化"的女性因不够女性化而遭遇强烈抵制。在两位学者(Hoyt & Murphy，2016：388)看来，糟糕的是，这种负面成见会蔓延至其所属群体。他们进一步指出，这种威胁对女性的生活产生了实质性的影响：次等或无能的先入之见可能对女性造成心理伤害，并导致对她们的表征不足。

其他领导力研究者同样强调对领导人的性别成见可能带来的偏见。布莱斯科尔(Brescoll，2016)认为，"女性比男性更情绪化"这一成见往往会伤害女性的自尊，进而限制她们在工作中的行为和表现。她建议，女性首先要把握好自己应该表达多少情感，其次要把握好表达什么样的情感。例如，男性可以表达傲慢和愤怒之类的情感，但当女性表达这类情感时，则会受到惩罚。再如，如果女性表达愤怒，会被视为"刺耳"或"歇斯底里"。相反，如果女性表现出缺乏情感和疏于表达，也会遭受惩罚，因为她们没有表现出温暖、亲和的一面。本书第二章将探讨英国报纸中基于成见的女性表征，我们会从中看到，这无疑是很多报纸建构女性领导人的特征。

德尔克等人(Derks et al，2016)同样认为，歧视和偏见是女性胜任领导人角色的关键障碍。几位学者考察了女性对待其他女性的情况，正如我将在本书中所讨论的那样，这一主题在报纸文章中得到了很好的例证。在他们看来，将女性领导人狭隘地理论化为男权制受害者，无法解读其所遇障碍的复杂性。几位学者观察到一种"蜂后"现象，即在男性主导的机构中，女性领导人被迫疏离基层女性，并在此过程中，合法化其所在机构的性别不公。据此，他们小心谨慎地提出，问题出在高层女性身上。几位学者并非说高层女性是她们自身问题的根源，而是说"蜂后"现象是她们在攀爬"职业阶梯"时，不得不忍受的性别化行为的结果。在这个年代，有远大抱负的高层职业女性仍然被视为群体特例，她们因而采用男性化的"自我描述",并与其他女性保持距离,以施展职业抱负。例如,英国前首相玛格丽特·撒切尔就曾因未能支持其他女性入阁而闻名。对这种"蜂后"现象,无论是研究证据,还是报纸中的迷思建构,本书均有所涉及,但第二章会对此进行专题讨论。

最后,柯尼格等人(Koenig et al., 2011)指出,有证据表明,性别化的领导人成见现象正开始慢慢改变。她们对近70项有关男性化领导成见的研究进行了元分析,结果表明,尽管男性担任领导人这一观点依然强劲,但文化变革已然兴起。越来越多的人认为,领导是一种雌雄同体或性别中立的工作,需要在目标导向和情感/关系技巧间取得平衡。霍伊特和墨菲(Hoyt & Murphy, 2016: 394)对此持乐观态度,"更加雌雄同体的领导理念可以消减女性领导人为次等的先入之成见,进而减少潜在的成见威胁"。上述诸位学者提出并主张对媒体中的性别进行更宏大、更广泛的概念化处理。在第六章中,我将探讨对女性领导人的"性别中立"建构是否真的是一剂灵丹妙药。

✷性别

本书中性别的概念基于女权后结构主义视角。该视角认为,我们的身份是在文化和话语中,通过语言、文本、社会实践等进行建构的。换句话说,我们通过一系列文化认可的、被称为"话语"的方式来协商我们是谁,以及我们希望创造的印象(Foucault, 1972)。不同于本质论者的观点(个体的生物/社会文化地位决定其是男人还是女人),该视角认为,性别分类是流动的、不稳定的,是通过话语建构并反复实践的(Butler, 1990; Cameron, 2005)。巴特勒(Butler, 1990: 33)辩称,"女性"和"男性"不是我们的本性,也不是我们的特质,而是我们做某件事产生的影响。她进一步指出,女性的阴柔和男性的阳刚符合"严格的监管框架",而该框架限制性别认同和人际关系的实践方式。例如,话语对外表、肢体语言、言语和行为进行常规、反复的认可,借此向被界定为女性的个体灌输女性气质。

"监管框架"的一个例子是,关于西方女性在工作场所如何着装的问题,就存在"应该"类的先入之见。在我撰写本书的时候,英国报纸媒体报道了一个案例:一名临时工因拒绝穿高跟鞋上班而被国际咨询公司普华永道(PwC)责令回家,随后如火如荼地上演了一场关于是否应该按照公司的着装规定,强迫女性穿高跟鞋上班的辩论。正如男性是否应该穿西装一样,赞成和反对之声都很激烈。因此,英国政府已在考虑禁止歧视性的着装规定(Mail Online, 25 January 2017)。这一案例虽然表明"性别差异如何影响我们的外表"这一根深蒂固假设的普遍存在,但更有希望的是,我们生活在一个不断对话和辩论的世界,这不仅挑战着关于"性别意味着什么"的观念,也推翻了若干歧视性做法。

可以说,如果性别研究者在批判主流性别关系时,继续使用"男人"和"女人"之类的术语,那他们只是简单地将性别的异标概念(heteronormative conceptions)合法化为一种自然的、恒定的二元体。另一种观点认为,这些负载符号意义的术语在策略上是必要的,有助于少数群体(如"女性领导人")定位自我,重新调适术语,创建支持网络并解决具体问题。本书探讨的性别"问题"是,领导仍然被视为一种明显的男性化构建(如 Sealy et al., 2016)。工作场所和媒体依然将女性这一类别视为领导层的局外人,认为她们对角色特权的渴望并不合适(Eagly & Heilman, 2016; Kanter, 1993)。无论是在工作场所还是在媒体表征中,只要性别差异仍然是领导人身份的关键区别性特征,那它就还是一个重要的研究议题(Kitzinger, 2007; Gill, 2007; Holmes, 2007)。

我在本书中反身性地使用"女人"和"男人",因为我意识到,在这一领域,被界定为女人(或男人)的个体在世界各地仍然遭受基于性别分类假设的严重歧视。我对传统术语的使用并不否认很多个体不会给自己贴上相应的标签,但重要的是,我需要在本书中保持这种意识。我更倾向于将性别概念化为一系列身份(包括那些自认为是变性、顺性、性别流动或完全没有性别的个体)。女权主义者对语言性别歧视发起挑战(如 Schulz, 1990; Spender, 1980),但关于如何改变主流二元定义的学术争论相对较少。事实上,到目前为止,全球大多数人仍然将"女人"和"男人"(或 ta 们自己的语言对等词)作为工作术语。在这一点上,霍姆斯(Holmes, 2007: 60)的观点令人信服:任何关于女性领导人遭受歧视的语言原因的研究,都可能需要选择一种"策略性的本质主义"方法,以暂时将"女性重新置于语言和性别研究的中心"。作为一名女权后结构主义学者,我重视语用的、依托于具体语境的研究方法,以实现社会实践的变革,这是我在本书中前进的方向。

❋ 性别化话语

与女权后结构主义性别视角密切相关的概念是"性别化话语"。这类话语不仅仅是"看待世界的方式"(J. Sunderland，2004：28)，而且负载意识形态意义：它们是知识和权力之间的系统关系，影响着人们说话、互动、看待和表征世界的方式。它们为个体提供一系列与权力相关的语境化"主体位置"，无论是强制、接受还是抗拒。例如，在最近《每日邮报》在线版的一篇文章中(R. Sunderland，2017)，一种我们可以命名为"女强人可疑"的性别化话语把"新闻对象"(Gill，2007)米勒定位成无能。换句话说，米勒被建构为一种不可靠的、依赖男人财富的形象。然而，这种定位在全文中并不完全一致，因为直接引用她话语的那一刻，给了她一个反击网络批评者的机会，也让她的主体位置恢复了一些力量。鉴于本书的主题，我在新闻文章中发现的很多话语很可能都是性别化的，也就是说，这类话语对男性和女性的角色、言论、行为等做出成见式假设。然而，并非在文本中鉴别的所有话语都必然是性别化的：有些可以支持、结合性别化话语，或与之竞争，以建构替代性的社会意义。

但是，我们鉴别话语的依据是什么？正如桑德兰(J. Sunderland，2004)所说，话语并不是简单地"在那儿"等着我们去发现。鉴别话语必须有某种标准、一系列的文本证据作为依据，而且必须得到读者和学者的认可。话语分析者往往未能充分解释如何对鉴别的不同话语进行归类。因此，我将提供证据以解释自己的选择(参阅第五章)。在命名上述"女强人可疑"话语时，我的观点是在语言证据的基础上形成的，这些证据不仅源于报纸媒介上的内容陈述，也包括我从中搜集的各种语言和符号能指，如影射语言。那篇有关米勒的文章(R. Sunderland，2017)，既详细描述了她昂贵的外表以及她丈夫的财富，也描述了她作为一名女商人的失败。如此，读者从这种并列描述中得出文本的首选结论。作为一名反身研究者，我完全承认我所鉴别的话语具有解读性、临时性、片面性，且深受本人西方女权后结构主义倾向的影响。我的选择自然具有争议性，别的读者也会鉴别出其他话语。无论是话语鉴别还是话语命名都不会被视为中性行为；相反，他们会对我这个"命名者"进行评价，正如他们会对话语本身进行评价一样。对此，桑德兰(J. Sunderland，

2004：47)指出,在一个理想世界中,任何研究人员都应将其命名和鉴别的话语提供给相关学科内外的一组"知情人士"进行审查,以确保"分析不仅仅是分析者特定的'释读倾向'的产物"。本书是一种潜在的交互式产物;在未来的出版物和评论中,其他读者会很容易对我在以下各章中鉴别的话语进行评论。

✻新闻媒体中的性别成见

总的来说,大众媒体对女性的成见一直是性别研究者感兴趣的议题,尽管对报纸文本如何建构女性领导人这一问题,语言学视域下的研究成果相对较少。大多数性别研究者都承认,新闻是一种文化产物,反映着关于谁重要、什么重要,以及我们应该如何看待新闻主题和作为"新闻对象"人物的主流假设(Gill, 2007)。对"女人"和"男人"的批评性分析通常会考察诸如阶层、种族、年龄、教育和国籍等交叉的社会变量,这些变量反过来又决定哪些社会身份和关系会被视为自然和正常。

对于新闻媒体如何建构性别这一议题,女权主义的定量和定性研究均表明,世界各地对女性的表征不仅数量不足,而且这种表征和建构通常是有限的、负面的、性征化的。定量研究表明,即使在斯堪的纳维亚地区,政府积极支持女性担任高级职务,女性在新闻媒体主要版面中的表征数量也严重不足(Gill, 2007)。定性研究发现,报纸文本始终关注的是女性的外表,而忽略了其他特征(Ross, 2009)。在中端市场和通俗小报中,常见的趋势是对女性年龄和发色的描述("金色""深色""红发")。例如,一篇关于英国女商人、前流行歌星维多利亚·贝克汉姆的简短文章,先是把她建构为"价值585英镑、卡萨黛尔四寸半钢制高跟鞋的穿着者",然后是"四个孩子的苗条母亲"(Ferris, 2015：23),而不是成功的女商人或联合国艾滋病规划署(UNAIDS)大使,虽然文章结尾处提到了这两点。这种以牺牲女性工作角色为代价而凸显外表的倾向,在该报和其他媒体对男性所进行的描述中却并不存在。在《每日邮报》同一天的同一版上,一篇关于英国艺术家和名人达米安·赫斯特的文章,重点介绍的是其艺术和财富,而对其衣着和外表却只字未提:

> 赫斯特以腌制死动物(最著名的是鲨鱼)而闻名于世。据估计,他拥有2.15亿英镑的财富,也是码头[餐厅]的部分所有者。(White, 2015：23)

与这一点密切相关的是,英国报纸媒体倾向于关注女人的性魅力。很多小报和越来越多的大报,经常刊登年轻、白皙、长发、性感、衣着暴露的女性照片,这类照片通常是彩色的,与文章之间的联系也很微弱(Ross & Carter, 2011)。与之相反的是,无论出于何种原因,那些不符合新闻媒体对女性魅力狭隘看法的女性(如年龄较大、身材较丰满、短发、肤黑、衣着保守等),往往因缺乏身体魅力而遭受诋毁。对此,吉尔(Gill, 2007: 116)指出:"如果女性不符合媒体的标准魅力要求,她们就会遭受恶毒的攻击,这让人不寒而栗。"

与男性政治家相比,报纸媒体对待担任高层公职的女性政治家的方式,清楚地表明了它们对女性的建构趋势。罗斯和卡特(Ross & Carter, 2011)认为:报纸上的报道通常评论的是年长女性的年龄和婚姻状况;对她们的指称也往往是直呼其名;对她们的描述关注的是家庭环境而非工作环境;她们的外表也被记者着魔似的"抽离"出文本。这种抽离在英国《每日邮报》的一篇文章中被归结为一个合乎逻辑的结论。该文讲述的是英国保守党政府的内阁改组,以牺牲男性为代价提拔了一批女性(Chapman, 2014: 4-5)。一篇题为《埃丝特,唐宁街时装秀女王》的文章刊登了一些资深女议员(下议院议员)前往唐宁街10号首相官邸途中的照片。在每位女性旁边,都有一系列题为"衣服""包""腿""化妆品"等的图框,这些图框详细罗列了相关商品的品牌和价格消费细目,并对每位女性(被认为)试图对观众和读者产生的影响进行评估。所有女性均被呈现为男性和女性注目的对象:男性读者含蓄地评估议员们的诱惑程度,女性读者又在多大程度上钦佩或嫉妒这些女性议员。在所有情况下,这些女性都被描绘成互相竞争,以吸引她们前去会见的(男性)内阁成员的注意。在下议院议员埃丝特·麦克维的案例中,她被描述、评价为"狐狸精"(参阅第二章),她的性感也被着重强调("对一个严肃的内阁管理者来说,大腿中的缝隙太过暴露了"),最终,她被评价为过于性感("她需要收敛一点出席内阁会议")。

在对英国、南非和澳大利亚的女议员进行的一项比较研究中,罗斯(Ross, 2002)举例说明了报纸媒体对女性长相的痴迷,以及女性政治家对此的反感。根据她的调查,某议员评论道:

女人的年龄永远都不合适。我们太年轻;我们太老了。我们太瘦了;

我们太胖了。我们妆容太浓了;我们妆容太淡了。我们的衣服太过光鲜;我们太不注重着装。我们没有一件事情是对的。(下议院议员 Dawn Primarolo,转引自 Ross,2002:90)

在所有这些表征中,都出现了基于不同目的而援用的不同成见类型。在第二章中,我将考察报纸文章如何根据狭隘的成见类型来描绘女性领导人。然而,对成见类型的援用并非千篇一律,而是以相互竞争和矛盾的方式展开。这种对高层女性成见的轻微流动性意味着,新闻报道不能完全归类其新闻对象,这就为读者提供了一个小小的空间,以解构显著的成见,并避免接受表层表征。我在第四、五章中将探讨如何"逆向"(against the grain)阅读对领导的成见。

方法论

❋研究设计和语料收集

2014 年 3 月至 2016 年 12 月,我阅读了三家报纸,收集了 100 篇文章。这种"生活经历"让我自然而然地对报纸建构女性领导力的问题产生了兴趣。最初吸引我注意力的是这三家报纸对女性领导人性别成见的常规性使用,以及记者在该时段表征这类新闻对象的竞争方式。哈默斯利和阿特金森(Hammersley & Atkinson,1995)的这种半人类学方法可能存在的局限性是,我并未以一种"科学"的方式对所有的英国报纸进行横段面取样。我收集了家人、朋友以及本人购买或阅读的文章,其中既有印刷版的,也有在线版的。这些文章来源于中左翼的中型报纸《卫报》、中立的大报《星期日泰晤士报》、中右翼的小报《每日邮报》。我也未能从选定的报纸中收集到该时段关于这类对象的所有文章:毫无疑问,我遗漏了几篇。本书中选择出来进行详细分析的文章,只是语料库中 100 篇文章的样本。选择这些高层女性的依据有二:一是她们代表着三个不同职业领域(政治、商业、大众传媒)的杰出女性;二是她们提供了对女性领导人的不同视角,包括尊重女性或亲女权主义、性别中立、仇视女性和/或反女权主义(参阅第三章)。从人类学的角度看,我的研究只能说是提供了一组关于这类新闻对象的部分(希望是)丰富和详细的见解,但这种方法的优势在于,它可能反映出一个典型的、博览的报纸读者更具选择性的经历。

从政治立场、对商业新闻的兴趣、目标受众和发行规模的角度来看,语料库中的文章相当于英国报纸的一个横断面。首先,《每日邮报》是一家中等市场的通俗小报,也是销量第二的英国在印报纸,每月发行量超过 1000 万份,男女读者数量相当(Mail Advertising, 2017)。其次,据"全国读者调查"(NRS, 2017)报告,中左翼《卫报》的发行量比《每日邮报》要小得多,每天约有 19 万读者,占全国报纸市场份额的 17%,拥有受过高等教育和专业社会团体(ABC1)的读者群。其网站宣称,"我们要让世界更美好、更公平。我们要让权贵保持诚实。我们认为,这意味着制作高质量的独立新闻,发现并告知读者真相,让社会知情"(*The Guardian* website, 2017)。最后,《星期日泰晤士报》是英国销量第四的全国性周日报纸,发行量在 80 万份左右。据"全国读者调查"(NRS, 2017)报告,该报的读者主要来自两个最大的社群(AB):中上层和中产阶级群体。其编辑方针是,"始终好奇,永不畏惧,保持乐观,并在正确论点出现时,对改变方向持开放态度"。该报秉持独立的政治立场(News UK, 2017),同时强调对商业利益的关注。

✳ 女权后结构主义话语分析(FPDA)

本书运用的 FPDA 理论框架,整合了女性领导力、语言、性别和性别化话语等核心概念,分析报纸媒体中性别、语言、话语、领导力与成见化之间的关系。FPDA 在很大程度上得益于福柯(Foucault, 1972)对话语与"主体性"之间关系的研究。根据该研究,人们的身份受一系列"主体位置"("存在方式")的支配,被机构合法化,且受制于当地传播的特定话语。这些机构性话语作为一种调节力量,迫使个体遵守社会认可的言语和实践模式(Foucault, 1972;Weedon, 1997)。同时,相互关联的个体、社会和社区话语补充并质疑机构性话语对女性领导人的影响(Baxter, 2003)。

从报纸媒体建构领导人的方式,我们可以观察到话语对身份建构的调节作用。从这个方面看,领导人及其同事受制于一系列相互竞争的话语。就建构和表征她们的言语、外表和行为的方式而言,这些话语传递着被认可的"存在方式"。如上所述,性别化话语与更广泛的社会话语交织在一起,涵盖关于年龄、性别、种族、阶层、地位等的主流观点。在领导被视为一种男性构造的情况下,大量的新闻媒体话语为女性领导人提供了竞争性位置(Holmes, 2006)。在中左倾向更盛的报纸中,她可能会发现"机会平等话语"对其的定位(Mullany, 2007):得益于"多元化"政策,她被建构为"成功的故事"。在中右倾向更盛的报纸中,领导人则可能会发现"情绪化/非理性"话语对其的定位:她在特定环境中的"情绪化"行为(Litosseliti, 2006),导致其被视为不适合所担任的角色。领导人自己可能会像吉娜·米勒在回应主导价值体系时所做的那样,援引抵制性话语,如"女权主义"话语或(反)种族主义话语,从而给予个体发声的机会(通过文章对其言语的转述),她们则借此找回一些能动性和赋权性。在第四、五章中,我将展示话语分析者可以用来解构报纸文本中性别化话语作用的策略。

后结构主义视角和女权主义视角之间的联系在于两者的共同兴趣,即解构权力体系。这种体系的运行剥夺个体的话语空间,因为其在特定背景中的身份是女性或男性(Weedon, 1997)。现代女权卫士关注作为一个社会类别的女性所经历的持续性不平等和不公正,认为这等同于机构和职业生活中的系统性歧视(Mills & Mullany, 2011)。在我看来,这种观点依然是女权主义者对英国报纸文章中的女性领导人进行假设的基础。但缺点是,它会以一种狭隘和公式化的方式来建构女性领导人。与此相反,女权后结构主义者则认为,新闻文本应该以流动、多元、竞争的方式建构女性,以显示女性之间既有相似之处,也有差异之处。此外,鉴于性别身份连续体的存在,不应根据固定的角色将男女一分为二,如男权体系中的受害者和恶棍。很多女性,包括领导人,鉴于教育、阶层、财富和工作状态等交叉性标志,往往享有很多特权。她们在特定背景中是受害者的观点必须与她们在其他背景中享受的特权相平衡。

FPDA 本质上是一种基于女权后结构主义原则的话语分析方法论(Baxter, 2003)。据我所知,其发展之初主要用于分析口语交际的笔录,而很少用于印刷或在线报纸文本。本书使用三种批评性视角,分析全国性报纸文章对女性领导人的建构,我在下面分别对每种视角加以解释。每个视角均在不同程度上借鉴了 FPDA 的原则,但第三种"反身"法是我根据报纸媒体语境,对 FPDA 进行的改编(参阅第五、六章）。每一种方法都有助于读者在分析性别化文本时发现其中的假设。联结这三种视角的高层原则如下：

- 诉求的变革性而非议程的解方性（Baxter，2003）：FPDA 支持小规模的、自下而上的、地方化的社会变革，这些变革对其挑战主流话语（如"性别差异"或"女强人可疑"）的更大诉求至关重要。FPDA 不支持现代女权主义的解放性议程，因为后者基于这样一种理念："追求真理的意志"必然导致"追求权力的意志"。最终，女权主义的宏大叙事直接取代施压者的"宏大叙事"（Foucault，1980：109-133）。

- 人们身份的多元、多样性：FPDA 强调，建构个体身份的诸多权力变量，如地域背景、种族、阶级、年龄等，在这些变量中，性别被视为一个重要因素。鉴于背景或时机各异，其中一些变量在构建身份时，相比其他变量或多或少更为显著。

- 研究对象的复杂性而非两极性：FPDA 挑战二元思维，认为后者倾向于以二元对立的方式组织思维，并将一个术语凌驾于另一个术语之上。例如，FPDA 指出，不是所有的男人都是施压者，也不是所有的女人都是受压者。他们的性别定位复杂、多变、多元，在能干和无能的主体位置间不断波动。

- 互文性：FPDA 分析相互交织，时而相互竞争的话语如何将"新闻对象"，即文章报道的领导人，定位为能干、无能，或介于两者之间。话语很少对个体进行一维定位，而是以复杂的、不断变化的方式对主体进行双重或三重定位。例如，如果性别差异话语与等级和地位话语互文，则可能会把女性定位为不适合长期担任领导职务（Baxter，2010）。话语的流动性意味着文本中存在缺口和含糊之处，读者可以据此质疑其对主体的定位（J. Sunderland，2004：28）。FPDA 通过具体分析，为那些变革时刻的出现提供空间。

- 补充性：FPDA 可以补充其他话语分析的方法和途径，从而为文本带来多元和权宜的视角。FPDA 无意把自己打造为一种包罗万象的方法，而是寻求分析女性这一主题的多样化视角和见解。在 FPDA 看来，通过不同的批评性视角对话语进行分析，可以释放多重解读。

- 实际结果：FPDA 在探讨特定地域背景下的社会问题或议题方面非常理想，其分析旨在产生对研究人员和实践人员具有真正功能价值的见解和结果。关于该问题的讨论，请参阅第六章。

❋应用FPDA的三个批评性视角

我在本书中运用三个不同的批评性视角,分析一系列报纸文章对女性领导人的话语建构,并在最后一章中评估每个视角对本书目标的适切程度。我在这里首先对每一个视角做一个简要的归纳。

1. 坎特的领导成见类型

第一个视角是坎特(Kanter,1993)的"角色陷阱"(role traps)经典模型,角色陷阱是坎特本人用以指称成见的术语。我首先讨论该视角对分析工作场所中女性领导人口语的重要性(Baxter, 2010),在我看来,该视角同样适用于分析新闻媒体中的成见。坎特(Kanter, 1993)将女性领导人概念化为"受困于有限的性征化成见类型:狐狸精、铁娘子、宠物和母亲"。基于近年来的性别和领导力研究(见上文),我添加了第五种性别成见:蜂后。坎特的视角将被用来分析这五种成见在多大程度上被用来诋毁、不恰当地性征化新闻对象,以及该对象在多大程度上抵制这种定位。举个例子,我从《每日邮报》《星期日泰晤士报》和《卫报》上收集了报道同一主题——英国时任首相特蕾莎·梅上任的第一天的文章。我认为,每篇文章对一种或多种成见的使用,与领导人受诋毁的程度息息相关。我在第二章将对话语分析和符号学分析的视角和具体方法进行更为全面的解释。

2. 女权主义议程谱

第二个视角是我所说的"女权主义议程谱"(the feminist agenda spectrum),即新闻界所表达的,介于反女权主义、性别中立和亲女权主义之间的各种态度。受吉尔(Gill, 2007)作品的启发,我使用该议程谱来考察英国全国性报纸在多大程度上援用了某种特定的女权主义议程,而该议程影响其"性别化"表征。议程谱的使用在引导读者进行报纸文章主导的或首选的阅读方面发挥着重要的作用。在我看来,报道女性领导人的文章基于一个前提,即她们是男性领导人这一范式的例外,这一前提引发了对女权主义公开或暗示的立场:敌对、看似的性别中立、支持。我将在第三章中对该视角进行详细介绍。

3. "反身"法

第三个视角是后结构主义观,即报纸文本并非总是以负面的方式表征其报道对象,而是提供可能是负面的或正面的,也可能是中性的多重意义。因此,即使是那些公然妖魔化女性领导人的文章,也在文本中提供了缺口和含糊之处,从而为学者们提供了批评主导型读物的空间。反身法鼓励读者和学者抛开自己的理论和意识形态观,把文本视为现实的一个版本。该方法不仅提供"逆向"阅读以解构文本的策略,而且还提供补充性的"重构"策略,使多重的、意料之外的、发散性的阅读和见解得以出现。我从微观语言、文本、表征和话语等四个层面对报纸文章进行分析。在我看来,只有在看到多层次图像时,才能积累足够的分析证据来支持重构性阅读。第四章将解释反身法及其策略,第五章运用反身法及策略对三家报纸文章进行具体分析,第六章进行总结。

无论采用哪一种视角,我的分析方法都是定性的:对少量文本进行细致的话语分析,以了解意义如何产生。

我在下一章介绍并应用第一个批评性视角,即坎特(Kanter,1993)的领导成见类型,该视角专门用来描述女性领导人被感知和表征的方式。我同时说明我们可以从英国新闻媒体对女性领导人的话语建构方式中学到什么,并解释该视角为什么仍然是阅读和分析当代杰出女性专题文章的一种有价值的方法。

参考文献

Adams, R. B. (2016). Women on boards: The superheroes of tomorrow? *The Leadership Quarterly*, 27(3), 371–386.

Addley, E. (2017, March 8). Why should women be abused in public life? London: *The Guardian*, p. 7.

Baxter, J. (2003). *Positioning gender in discourse: A feminist methodology*. Basingstoke: Palgrave Macmillan.

Baxter, J. (2010). *The language of female leadership*. Basingstoke: Palgrave Macmillan.

Brescoll, V. L. (2016). Leading with their hearts? How gender stereotypes of emotion lead to biased evaluations of female leaders. *The Leadership Quarterly*, 27(3), 415–428.

Butler, J. (1990). *Gender trouble: Feminism and the subversion of identity*. New York: Routledge.

Cameron, D. (2005). Language, gender and sexuality: Current issues and new directions. *Applied Linguistics*, 26(4), 482–502.

Catalyst. (2016). *Statistical overview of women in the workforce*. Retrieved February 12, 2017, from: http://www.catalyst.org/knowledge/statistical-overview-women-workforce.

Chapman, J. (2014, July 16). Esther, the queen of the downing street catwalk. *The Daily Mail*, p. 4.

Coates, J. (2004). *Women, men and language* (2nd ed.). London: Longman.

Cooper, R. (1989). Modernism, postmodernism and organisational analysis 3: The contribution of Jacques Derrida. *Organisation Studies*, 10(4), 479–502.

Davies, B., & Harré, R. (1990). Positioning: The discursive production of selves. *Journal for the Theory of Social Behaviour*, 20(1), 44–63.

Derks, B., Van Laar, C., & Ellemers, N. (2016). The queen bee phenomenon: Why women leaders distance themselves from junior women. *The Leadership Quarterly*, 27(3), 456–469.

Derrida, J. (1967). *Of grammatology*. Baltimore: John Hopkins Press.

Eagly, A. H., & Heilman, M. E. (2016). Gender and leadership: Introduction to the special issue. *Leadership Quarterly*, 27(3), 349–353.

Equality Challenge Unit. (2017). *Unconscious bias*. Retrieved February 1, 2017, from http://www.ecu.ac.uk/guidance-resources/employment-and-careers/staff-recruitment/unconscious-bias/.

Ferris, I. (2015, November 10). Posh's skyscraper heels for skyscraper city. *The Daily Mail*, p. 15.

Foucault, M. (1972). *The order of things: Archaeology of the human sciences*. London: Tavistock.

Foucault, M. (1980). *Power/Knowledge*. New York: Harvester Press.

Gill, R. (2007). *Gender and the media*. London: Polity Press.

Hammersley, M., & Atkinson, P. (1995). *Ethnography* (2nd ed.). London: Routledge.

Heritage, J. (1984). *Garfinkel and Ethnomethodology*. Cambridge: Cambridge University Press.

HMSO. (2010). *The Equalities Act*. Retrieved from http://www.legislation.gov.uk/ukpga/2010/15/contents; on 18th November 2016.

Holmes, J. (2006). *Gendered talk at work*. Oxford: Blackwell.

Holmes, J. (2007). Social constructionism, postmodernism and feminist Sociolinguistics. *Gender and Language*, 1(1), 51–56.

Hoyt, C. L., & Murphy, S. E. (2016). Managing to clear the air: Stereotype threat, women and leadership. *Leadership Quarterly*, 27(3), 387–399.

Jackson, J. (2016). *Top women sign up for words by women judges*. Retrieved February 12, 2017, from https://www.theguardian.com/media/2016/feb/19/words-by-women-judges.

Kanter, R. M. (1993). *Men and women of the corporation* (2nd ed.). New York: Perseus Books.

Kitzinger, C. (2007). Is 'woman' always relevantly gendered? *Gender and Language*, 1, 39–50.

Koenig, A., Eagly, A., Mitchell, A., & Ristikari, T. (2011). Are leader stereotypes masculine? A meta-analysis of three research paradigms. *Psychological Bulletin*, 137(4), 616–642.

Litosseliti, L. (2006). *Gender and language: Theory and practice*. London: Hodder Arnold.

Mail Advertising. (2017). *Circulation and readership*. Retrieved March 16, 2017, from http://www.mailadvertising.co.uk/brand/daily-mail/.

Mills, S., & Mullany, L. (2011). *Language, gender and feminism: Theory, methodology and practice*. London: Routledge.

Mullany, L. (2007). *Gendered discourse in the professional workplace*. Basingstoke: Palgrave Macmillan.

National Readership Survey (NRS). (2017). *Useful facts and figures*. Retrieved February 12, 2017, from http://www.nrs.co.uk/training-2/helpful-tools/useful-chart/.

News UK. (2017). *The Sunday Times*. Retrieved February 12, 2017, from https://www.news.co.uk/what-we-do/the-sunday-times/.

Ross, K. (2002). *Women, politics, media: Uneasy relations in comparative perspective*. Cresskill, NJ: Hampton Press.

Ross, K. (2009). *Gendered media: Women, men and identity politics*. London: Rowan and Littlefield.

Ross, K., & Carter, C. (2011). Women and news: A long and winding road. *Media, Culture and Society*, 33(8), 1148–1165.

Schulz, M. R. (1990). The semantic derogation of women. In D. Cameron (Ed.), *The feminist critique of language* (pp. 134–147). London: Routledge.

Sealy, R., Doldor, E., & Vinnicombe, S. (2016). *The female FTSE board report*. Cranford: Cranford University.

Spender, D. (1980). *Man-made language*. London: Pandora Press.

Sunderland, J. (2004). *Gendered discourses*. Basingstoke: Palgrave Macmillan.

Sunderland, R. (2017). *What's the truth about Gina Miller?* Retrieved January 24, 2017, from http://www.dailymail.co.uk/news/article-4154094/What-struth-Gina-Miller.html.

Tolhurst, A. (2017). *Victory for our constitution*. Retrieved January 24, 2017, from https://www.thesun.co.uk/news/2691568/chief-brexit-wrecker-gina-miller-claims-her-supreme-court-win-is-about-the-legal-process-not-politics/.

UN Women. (2017). *Facts and figures: Leadership and political participation*. Retrieved January 3, 2017, from http://www.unwomen.org/en/what-wedo/leadership-and-political-participation/facts-and-figures.

Walkerdine, V. (2002). *Challenging subjectivity: Critical psychology for the new millennium*. Basingstoke: Palgrave.

Weedon, C. (1997). *Feminist practice and poststructuralist theory* (2nd ed.). Oxford: Blackwell.

White, J. (2015, November 10). Art attack! Hirst's condemned on food hygiene. *The Daily Mail*, p. 15.

第二章　报纸中的女性领导人成见

摘要：本章认为，英国很多报纸传递的主导性信息是，女性不适合担任领导职务，而构建这种信息的核心方法是诉诸性别、性成见化。坎特（Kanter，*Men and women of the corporation*，Perseus Books，New York，1993）认为，对女性的成见主要有四种：铁娘子、狐狸精、母亲和宠物。从这个视角出发，我结合符号学分析（Bignell，*Media semiotics*，Manchester University Press，Manchester，2002）和话语分析（Gravells，*Semiotics and written text：How the news media construct a Crisis*，Basingstoke，Palgrave Macmillan，2017），探讨话语如何建构不同职业的女性领导人，语料来源于《每日邮报》《星期日泰晤士报》和《卫报》对英国首相特蕾莎·梅上任第一天的报道。

关键词：角色陷阱　领导成见　女性政治领袖　符号学分析　话语分析

前言

我分析报纸对女性领导人建构的第一个视角是坎特（Kanter，1993）的女性领导人成见概念框架。在我看来，该视角可以鉴别文章中的性别化假设，并使其浮出水面。这对学者们来说，无疑很有价值。原因在于，该视角表明我们耳熟能详的成见如何被用来对女性领导人进行话语建构，而这些成见传达的只是负面信息，即女性不适合担任领导人。

机构研究领域中大量的研究成果（如 Adams，2016；Brescoll，2016；Eagly & Heilman，2016；Hoyt & Murphy，2016）证明了这一观点。从公然妖魔化到更微妙的漫画形式，会话和文本往往会诉诸性别成见，对女性进行负面信息的建构和传递。性别成见是社会对男女特质的普遍看法，其中既有描述的成分（即描述女性和男性怎么样），也有规约的成分（即规定女性和男性应该怎么样或不应该怎么样）。

坎特(Kanter,1993)认为,女性领导人的"显眼"是导致其在职业中成为目标的主要原因:与众不同,外貌和行为也不符合社会对领导人的常规看法。她们木秀于林,但不是以一种"好"的方式。在男性支配的领域中工作的女性,往往"被认为对支配秩序的特权有着不合适的渴望"(Kanter, 1993: 211)。

作为先行者之一,坎特认为,工作场所的同事会有意无意地对高层女性施以成见,以降低其潜在的威胁。她有一个著名的观点,即在男性主导的机构中,女性在高层管理人员中占比很小,高层女性被"象征化"了。她们只是被"统治者"(男性)雇来装点门面,以规避公众的批评:他们的机构在任命女性担任行政职务方面做得不够。高层女性对统治秩序构成威胁,因此,她们被迫进入性别化的、被认可的主体位置,或者用坎特的话说,"象征性"的位置或"角色陷阱"。坎特确定了西方世界机构中的四种角色陷阱,并根据广为人知的历史权威女性原型,对其进行了有趣但实用的命名:铁娘子、狐狸精、母亲和宠物。在她看来,角色陷阱一方面为女性在男性主导的企业中提供一组职业认可的"象征性"领导职位,另一方面给她们的职业身份打上"性别"的类属标签。作为"稀有物种",女性唯有被"同化"成一组性别成见化角色,方可在男性支配的机构中担任职务。因此,女性遭受的待遇主要是基于性别,而不是她们作为领导人的成就。

坎特进一步指出,角色陷阱严重限制了我们对女性专业知识和经验的感知和评价方式,而这会对她们的职业表现和发展产生不利影响。在她(Kanter,1993:312)看来,这些角色对女性来说绝非天经地义,实际情况是,"当情况和期望相似时,男性和女性的行事方式往往相似"。象征主义一方面确保女性即时、高度可见的身份,另一方面"不允许她们具有自己独特的、不符合成见特征的个性"(Kanter, 1993: 211)。一旦深陷于角色陷阱的重围,对女性的牵制就很严峻:为了维护在机构中的位置,她们要么选择同化,成为自己人,并与其作为女性的社会类别背道而驰;要么选择孤立,生成反文化象征,但很可能被排斥在关键政治活动或非正式的社交活动之外。坎特认为,男权制的性别条件是导致商业领域出现四个角色陷阱的全部原因。她撰文探讨这些问题发生在25年前,但其见解至今依然非常流行,这一点或许不足为奇。

在最近的研究文献中,"成见威胁"(Stereotype threat)的概念得到了进一步的发展。成见威胁是社会心理学研究最广的议题之一(参阅 Hoyt & Murphy,

2016),指女性的特征、技能和抱负,与有效领导的必备条件之间存在着成见化差距。这些文献表明,传统的领导仍然与"男人掌管""女人照顾"的观点密切相关(Hoyt, 2010)。女性低男人一等的成见化看法,会对女性造成极大的威胁,并可能导致诸多行业中女性领导人短缺的现象。成见威胁的后果包括削弱女性的领导作为,动摇她们对领域或机构的归属感,抑制她们追求成功或晋升的愿望,最终导致她们远离那些威胁自我价值和动机的行业(Hoyt & Murphy, 2016)。

在此背景下,坎特的象征主义和角色陷阱理论与当今报纸媒体之间仍然存在共振和关联之处。部分原因是,该行业的某些部门,与性别分化更为极端的早些时候并无太大差别(Ross & Carter, 2011)。此外,当女性在诸多职业领域中取得长足进步而导致社会秩序受到威胁时,保守势力往往会诉诸成见,以便向社会灌输对变革的不信任,从而给这种进步踩下刹车(Ross & Carter, 2011)。下面,我将分别讨论,坎特提出的四种成见类型在建构和表征女性领导人方面倒行逆施的方式。

女性领导人成见类型

✱铁娘子或战斧

表面看来,在坎特的四种成见类型中,最具权威和最男性化的是"铁娘子"或"战斧"(图2.1)。铁娘子被看成一种不自然的男性化存在,言语、行为咄咄逼人,而同事对她们的常规表征是可怕、强悍、冷酷、刻薄、欺凌、算计,甚至下贱(Baxter, 2010)。在她们表现出的强悍中,甚至会带着那么一点疯狂:麦克白夫人的形象(the Lady Macbeth persona)。与之相应的是,强悍和冷酷违背女性看护和育儿的天性,所以从逻辑上讲,以这种方式行事的女性不是疯了就是癫

图 2.1 铁娘子/战斧

了。在坎特看来,女权卫士可能被描述为铁娘子,并相应地成为"厌男者"。尽管这一成见类型在四种类型中似乎最具权力,但它对女性领导人却有着潜在的限制。这是因为铁娘子非常独立,有弹性,对所有问题都能迎刃而解,因此不需要同事的支持。她也可能成为男人和女人都无情取笑的对象:肯定缺乏女人味、温暖或性爱。她也会被说成"男人婆"。

❋ 狐狸精

"狐狸精"概括了一种客体化观点,认为女性主要服务于权贵男性的性需求(图2.2)。根据坎特(Kanter, 1993)的说法,狐狸精通常与机构中某身居高位的男性结盟,并利用自己的性/女性魅力对其他高层男性施加影响。因此对男女同事来说,这都是威胁和嫌疑的源头,而后者反过来可能会回避并排斥她。她可能被看成利用魔法或女巫般的魅力与无力抵抗她的男人调情,并据此俘获他们。因此,狐狸精的同事们往往会借助外表吸引力去贬低她内在的智慧和能力。对高层女性来说,这显然是一个比其他角色陷阱更为脆弱、更具威胁性的位置,因为对很多人来说,狐狸精是利用自己的性吸引力在机构中取得成功的,而不是凭借她们的专业能力。

图 2.2　狐狸精

✲ 母亲或母马

"母亲"或"母马"囊括了传统的权威位置,而所谓的权威位置通常是在家庭和私人领域,或者在教学之类传统的女性职业中(图2.3)。坎特认为,母亲的角色具有社会情感意义,而不依靠专业知识。社会对她们的期望是为同事提供安慰和关怀、迟钝、对男性不构成性威胁,因而她们是"安全""温暖""关爱"和"平易近人"的存在。在同事们眼中,"母马"是无性的,把男女都当成孩子一样对待(Baxter, 2010)。然而,这两种定位从根本上限制着高层女性。母亲尤其不会被看成强有力的角色,因为对她的期望是为同伴提供支持服务,而不是因为独立、专业和关键能力而受到尊重。母马同样被看成软弱无力的,因为她只会像对待孩子一样对待高层管理人员,而不是像对待成熟智慧的成年人一样。

图 2.3 母亲/母马

✲ 宠物

可以说,宠物成见最不可能适用于今天的女性领导人,因为它蕴含着女孩气和依赖性(图2.4)。根据坎特(Kanter, 1993: 235)的说法,宠物"被男性群体当成可爱、有趣的小东西收养,并作为吉祥物被象征性地带去参加团体活动"。不出所料,该宠物会被高层男性同事取笑,但作为补偿,她可能会被形容为"可爱""有趣""让人开怀"和"一项不错的运动"(Baxter,2010)。她可能被认为是无辜的,有点天真。这很可能是一种限制性的话语角色,因为它鼓励高层女性要讨人喜欢,不要出风头,不要独立或完全作为成年人去行动,从而阻碍她展现出真正的领导能力或才能。她可能会被看成双面人,一面是对高管的俯首帖耳,另一面是对自己团队的独断专行。

图 2.4 宠物

其他成见……

❋ 蜂后

我提出第五种常见的成见类型,即"蜂后综合征",该术语由斯坦斯(Staines)、贾亚拉特纳(Jayaratne)和泰乌瑞思(Tavris)于 1973 年确定。坎特(Kanter,1993:230)本人也提到过这种综合征,认为这是"普遍存在的、女性偏见女性的假设",即权威女性会更苛刻地看待或对待其女性下属。在坎特看来,这并不是另外一种成见类型,而是一个她自己的理论可以取而代之的争议性概念。然而,正如我将说明的那样,当代报纸对女性领导人的表征都暗示了这一成见,而且该成见本身就是一种现象。在某些方面,该成见多多少少都会有其他四种成见的影子。蜂后作为一名在公司里凭借努力打拼而升至高位的女性,却不愿意帮助其他女性获得同等职位。像狐狸精一样,她也会发展高层男性"粉丝俱乐部",以巩固自己的高层地位,而这些男性往往对她心存敬畏。她保持神秘感的一个方法是,综合男性和女性的外表和行为元素,比如狐狸精和铁娘子(参阅 Muhr 关于女性是"半机器人"的观点,2011)。蜂后保持神秘感和可信度的另一个方法是,坚持自己的成功源于非凡的能力,而不是性别(Derks et al., 2016)。如下文所示,我们常看到一些跨国机构中的精英女性案例,她们坚称,其他女性必须在与男性的平等竞争中,凭借自身的才能到达高层,并不存在正面性别歧视的空间。

正如我将说明的一样,这五种成见类型很容易被确认为报纸媒体表征高层女性的主要方式。我考察的报纸媒体中的女性,或许并不会在"现实生活"中真正接受这些成见或角色陷阱。但是,新闻和其他媒体已经以这些方式对她们进行建构和表征。在我看来,这些耳熟能详、倒行逆施的成见普遍存在于整个西方文化的大众想象之中,报纸媒体诉诸这些成见来解读女性新闻对象:她们非同一般,异乎寻常,危险十足,无法以其他方式归类。正是报业媒体不断试图规范和控制我们对知名女性的看法,才使得记者能够援用那些早就该成为社会历史的成见角色。

我在下节解释,我是如何将这种对女性领导人的成见类型运作为一种分析方法,用以鉴别报纸媒体将女性建构为不适合担任领导人的方式。我的研究方法综合了重点关注印刷文本中词汇语法成分的基本话语分析(Gravells, 2017; Johnstone, 2008)以及从符号学分析中提取的方法(Barthes, 1977; Bignell, 2002)。

研究设计

正如我在第一章所介绍的那样,本书的研究设计主要是定性的案例研究,语料来源于英国三家全国性报纸《每日邮报》《星期日泰晤士报》和《卫报》中 100 篇关于女性领导人的专题文章。它们对女性领导人的建构和表征方式多样,我的目标是找出其中反复出现的表征模式。我并没有立意在语料库中寻找坎特的领导人成见类型,但在早期阶段,我观察到一些相当明确的成见案例,其中,女性领导人被描绘成铁娘子(如德国现任总理安格拉·默克尔)和狐狸精(如乌克兰前总理尤利娅·季莫申科,参阅 Baxter,2017)。总的来说,我所考察的文章对女性的建构方式远不如这些案例明确,但如果仅因为我的敏感而忽略熟识的坎特成见类型,那将是一种读者的蓄意抵抗行为(Barthes,1970/1990)。有鉴于此,在第三、四次重读这100篇文章时,我开始根据五种成见类型和其他任何出现的类型,对它们进行编码,并根据成见的强度将它们标注为"非常明确""明确""比较明确""痕迹""无关"。这些都是基于考察过程中出现的基本标准符合定性数据分析法(参阅 Denzin & Lincoln,2000)。表 2.1 中,"非常明确"表示该文以高度统一和/或夸张的方式描述人物、外表、言语、行为;"明确"表示该文诉诸了四种成见类型当中的三种;"比较明确"表示该文诉诸了一种或两种;"痕迹"表示偶尔诉诸这些类型。

表 2.1　三家英国全国性报纸中女性领导人成见的明确度　　　　单位:份

每家报纸的文章数量(总100)	非常明确	明确	比较明确	痕迹	无关
每日邮报(34)	8	6	6	7	7
星期日泰晤士报(33)	0	2	12	6	13
卫报(33)	0	0	0	7	26

❋五种女性领导人成见类型

在观察到三份报纸均不同程度地诉诸了五种成见类型后,我决定计算其中哪一种最为普遍。表 2.2 列举的实例反映该文可能诉诸两种或多种成见类型来建构和表征领导人,并记录了每种类型使用的实例数。

表 2.2　三家英国报纸中五种成见类型的实例数

每家报纸的文章数量(总100)	铁娘子	狐狸精	母亲	宠物	蜂后	合计
每日邮报(34)	16	12	6	2	20	56
星期日泰晤士报(33)	8	2	2	0	16	28
卫报(33)	1	0	2	0	4	7

我所从事的主要是一项定性研究，因而上面的数值计算仅仅是一种工具，用以确认语料中存在有趣的模式，值得通过话语分析（discourse analysis，DA）进一步研究。在语言学和社会语言学领域，对书面、印刷、多模态和媒体等的话语分析已然非常成熟，包括批评话语分析（Critical Discourse Analysis，CDA）、基于语料库的话语分析（Corpus-based discourse analysis，CADA）、符号学和多模态分析等等。某些其他的话语分析法主要用于分析自然发生的互动（如会话分析和互动社会语言学分析），在我看来，这些方法并不适合分析新闻媒体中的话语建构。

❋话语分析工具

对于上文记录的报纸建构，我所需要的话语分析工具必须整合语言分析和视觉分析。在格莱威尔斯（Gravells，2017）话语分析法的基础上，我建立了自己的话语分析模型，用以分析语言文本。格莱威尔斯（Gravells，2017）对60篇新闻文本语料库进行了详细的词汇和语法分析，重点关注的是2010年英国石油公司深水地平线漏油事件。虽然这起事件本身与我对女性领导人的关注关系不大，但我仍采用了她的话语分析法，对新闻对象和新闻事件的书面表征进行分析。因为在我看来，该分析法是在她进行定性数据分析（QDA）的过程中有机演变而来的，其最初是被用来描述，而不是进行"批评"。这与我对语料分析法的追求非常相似，它起步于非评价性，但后期自然而然地出现。换言之，格莱威尔斯（Gravells，2017）建议研究人员在分析新闻对象表征时关注以下语言特征：

- 名称和命名：用来命名新闻对象的词汇，通常以专有名词、名词和代词的形式出现。

- 分类：用来标记新闻对象的社会或职业身份、所属阶层或群体的词汇。这可能出现在对"事实"的使用中，如对年龄、种族和职业的描述，以建立新闻对象的社会身份或其所属的群体。分类可能与上述命名的使用重叠。

- 立场：在语言学上，采取的立场涉及记者、新闻故事中的参与人和评论员对新闻对象进行的评价和鉴定。这可能采取各种词汇和语法形式，但也可能出现在对情态动词、评价性形容词和副词等的使用中。

- 转述言语：对新闻对象本人、同事、专家言语的直接或间接转述，也是一种评价手段,可能肯定、保持中立或否定某种成见类型。

· 意象:将明显无关的醒目图像(以隐喻或明喻的形式)和新闻对象进行关联,以强化其性格、行为、外表等特征。

✹符号学分析工具

在报纸中,成见也会通过照片和卡通等图像进行视觉建构。我采用巴特(Barthes, 1977)的符号学分析模型来解析这些视觉图像。巴特认为,图像往往是多义的,存在多种可能的解读。他倡导对符号或图像进行双层次分析:外延(显性的常识性解读)和内涵(利用读者对图像的多重文化联想)。如果图像具有多种含义,新闻故事文本将"锚定"其首选含义,而打折其他含义。文本提供语言符号的内涵,限制我们对图像的解读,并引导我们以某种方式建构其"迷思意义"或文化意义。在巴特(Barthes, 1977: 26)看来,"文本承载图像,使图像富含文化、道德和想象"。文本旁边的标题提供一组语言意义,框定我们对图片的解读。新闻图片也能证明文本信息的真实性。巴特提出了六个程序,通过这些程序可以生成整个文本的内涵。前三个与照片内容的具体选择有关,同时说明如何解读照片。

· "特效":对照片进行特殊处理,以产生某种特殊的迷思意义。例如,把两张照片组合在一起;赋予女性新闻对象一双翅膀,以说明她是天使;等等。巴特(Barthes, 1977: 21)认为,特效"往往在外延层面上毫无预警地介入"。换句话说,通过编辑来操控表层的显性意义,从而引导读者释读其首选意义。

· 姿势:新闻对象的身姿、手势和面部表情往往会提供影响我们解读图片的内涵,并赋予该对象某种迷思意义。在某一文化中,很多内涵会规约化。例如,一张女人躺在地毯上像猫一样面对镜头的照片,派生出一种迷思意义:她认为自己很性感,或许同时还暗示着性可得。

· 物品:某些所指物品已经具备了特定的文化内涵,其在场可以使这种意义转移到新闻对象身上。因此,一个穿着利落套装的女性,拿着笔记本电脑的同时,把手机放在耳边,可能会传递出这样一种信息:她忙于工作,也许太忙,是一名职业女性(而不是家庭主妇、母亲、朋友)。

巴特(Barthes, 1977)的后三个内涵程序与照片内容无关,而与制作照片的方式有关,如灯光、剪裁、曝光、打印等技术的使用,其用意是夸大我们所感知的新闻对象的消极面。我在这儿做一个简单的介绍,但在对女性领导人性别成见的分析中,不太可能涉及报纸照片的这三个程序:

- 摄像加工(Photogenia):把图像处理得比实际更具吸引力。在某些情况下,图像传达了一个"超现实世界",即一个比我们平凡的日常生活更高级、更华丽的版本。例如,明星在红地毯上的新闻照片可能会强调新闻对象的美丽、魅力和财富,使她看起来与众不同,富有异国情调,且遥不可及。

- 唯美主义:使图像看起来比实际更具艺术性和审美性,也可能使其转变为艺术模仿品,或艺术形式本身。虽然很少见,但新闻照片可以被创作成肖像画或景观艺术。

- 系统组合(Syntax):将系列图像组合在一起,以提供关联、时序或叙事意义。例如,党会上某政客的一系列不同肢体语言的图片,可以用来传达会议期间该新闻对象截然不同的情绪。

在鉴别出语料库中普遍存在的领导人成见之后,我从三家报纸中各选一篇文章,并使用上述话语分析和符号学工具,对其进行更详细的分析。文章的选择基于以下标准:每家报纸都专题报道过的同一位女性领导人;来自相同的三天时间段;对新闻对象的建构都诉诸了坎特的成见类型,无论是显性还是隐性。基于这三个标准,我选择的新闻对象是上任第一天的英国时任首相特蕾莎·梅(梅氏)。我首先分析《每日邮报》,其次是《星期日泰晤士报》,最后是《卫报》。

分析

❈《每日邮报》

《梅氏血腥斧砍卡梅伦的忠实拥趸:首相洗劫内阁,戈夫、摩根、莱特文、惠廷代尔被解职,而将要职交给她的盟友,亨特和莱德索姆则避免了被砍》记者:蒂姆·斯卡索普、詹姆斯·塔普斯菲尔德、马特·达坦,2016年7月14日。http://www.dailymail.co.uk/news/article-3689419/What-Gove-Leadsom-New-Prime-Minister-Theresa-prepares-finishing-touches-team.html。

该文是一篇在线头条新闻,报道了特蕾莎·梅接替前任首相戴维·卡梅伦出任英国保守党新首相的第一天。在2016年英国脱欧公投的结果出来之后,她火速入主府邸。该在线版文章长达13页A4纸,包括26张照片以及新旧首相的几条"推文"。该文的主要目的似乎是报道新首相一系列罢免前内阁部长、任命新部长,以及上任第一天的例行公事。事实上,该文基本在罗列被解职和被任命的部长的姓名和详细信息,随文刊登的相关人员照片也反映了这一点。然而,正如标题所示,作为该文所报道的变革的主要推动者,特蕾莎·梅被刻画为一位雷厉风行甚至激进的领导人,这与她作为女性和女性推动者的位置形成了鲜明的对比。在我看来,梅氏主要被刻画为一位铁娘子或一把战斧,全文多处表明了这种建构。

该文通过对称号的部署,以各种命名方式建构特蕾莎·梅。大标题首先将她称作"梅氏"(May),这种性别中立(即无性别差异)的称呼是报纸对男性和女性的常规指称技巧,尤其是在需要浓缩信息的大标题中。随后,该文转而使用新工作角色来对她进行归类,即"首相"这种性别中立的缩略语。正文的前两个词是"特蕾莎·梅",但从这儿开始,该文不再使用她的全名,而是反复使用"梅夫人"一词。相比之下,全文没有一次把前首相戴维·卡梅伦称作"卡梅伦先生"。虽然这类头衔可能被视为一种老派的尊重,但在早期女权主义学者(如 Miller & Swift, 1981)看来,"先生"和"夫人"这一对头衔以男性为中心(即默认以男性为中心的术语),因此它们在意识形态意义上并不对等。据此,虽然"先生"是默认的独立头衔,但从历史上看,"夫人"一词昭示,所涉女性已婚,是其丈夫的妻子和财产。该文所报道的梅氏行事虽然对此内涵提出质疑,但在第二张照片中出现了试图将她定位为从属角色的证据,该照片描绘了上任第一天梅氏跨出部长级轿车时,梅先生亲吻妻子脸颊的"姿势"。全文对"梅夫人"一词的重复使用似乎在暗示,梅氏首先是一个妻子,她在首相职位上的作为可能与常规的性别身份不符。

与描述梅氏的妻子角色形成张力的是,该文反复谈论其作为领导人的雷霆出击。从大标题开始,该文就隐喻性地将战场上的军事领导人与梅氏罢免和任命新部长的行为相提并论。在很多方面,这是报纸话语"通常的业务方法"(business as usual)。在比格内尔(Bignell, 2002: 89)看来,像《每日邮报》这种"流行"小报使用一套基于口语的有限词汇和句型,包括使用隐喻、俚语、成语和陈词滥调,来暗示与读者的"熟悉、友情和娱乐",从而缩短记者、新闻角色和读者之间的距离。因此,在很多报纸中,使用各类隐喻已成一种惯例。此外,科勒(Koller,2004:110)认为,政治和商业话语常常使用军事隐喻,因为内阁、议会和董事会中激烈的语言辩论取代了"技术驱动的战争中体力重要性的下降"。然而,高层女性与日俱增的出场扭曲了这种传统的军事隐喻。在科勒(Koller,2004:110)看来,军事隐喻代表着"霸权性的男性气概",因此,当男性使用,或被用来谈论男性时,它们看起来非常自然,但当被用来映射女性的言行举止时,就成了一个很大的问题。

《每日邮报》的这篇文章,反复使用多种方式,把梅氏建构、评估为一把不自然的男性化"战斧"。该文的第一个词把她罢免和任命部长的行动概括为一场"血腥屠杀",从而框定了读者接收后续信息的方式。"斧砍""射击"和"残忍洗劫"这类极端暴力的口语动词,被用来传达梅氏行动的雷厉风行,并假设对受害者(主要是前政府成员)和读者(含蓄地)造成的冲击。即使对梅氏任命新部长这样的举措,也用同样暴力类词语加以描述,其内涵是引导我们走向对某些新闻故事(如英国脱欧)的先验文化假设:

梅夫人昨晚扔下了一枚重磅炸弹,任命英国脱欧派领袖鲍里斯·约翰逊为外交部负责人

梅氏的行动被置于一个更大的叙事框架下,即新任领导人和前任首相戴维·卡梅伦及其追随者之间的政治"战争",后者暗指敌方。大标题对此的概括非常简明:"梅氏血腥斧砍卡梅伦的忠实拥趸。"那张梅氏抵达唐宁街的照片下方的标题评论说,她度过了"一个残酷的早晨……血洗了一群政府同事"。文章的整体结构是败者和胜者之间的二分叙事:前半部分罗列梅氏仓促"血洗"部长的细节,后半部分罗列其刚刚任命的部长。列表的使用,虽然是明显的"事实数据",但也有着火线的内涵。与"系统组合"诸位被罢免和任命的部长图像相呼应的是,列表技术生动形象地描述了梅氏果断行动的庞大规模。在文章结尾处则使用间接言语来对其就任首相后的第一组行动进行判断,以规避任何对《每日邮报》的直接批评:

一名议员说,这"残酷终结"了诺丁山保守党的统治。自 2005 年戴维·

卡梅伦成为保守党领袖以来，该党一直掌舵英国。

虽然有多处内容可以让独具慧眼的读者，从更积极、发散或亲女权主义的角度阅读该文（例如，参阅"任命八名女性内阁成员"的参考资料；也可参阅第五章，进行逆向阅读），但我对该文的整体解读是，梅氏的行事震惊了当权派，既不合意也不仁慈，这对女性来说是不恰当的。很难说，如果新首相是名男性，是否会使用同样的评价性词汇；又或者，记者和评论员是否会对"他"的行事做出相同的评价。总而言之，我的结论是，该文明确而不是"非常明确"地表达了"铁娘子"角色，这是因为该文并未直接将她描述为铁娘子，相反，它通过语言暗示负面成见：梅氏的篡权行为缺乏对隐喻性敌方的怜悯。

✻《星期日泰晤士报》

《钢铁娘子出击。特蕾莎·梅确立自己权威的冷酷无情震惊了保守党议员，但也可能播下了麻烦的种子》记者：蒂姆·希普曼，2016年7月17日。http://www.thetimes.co.uk/article/the-steel-lady-strikes-fndhsftm2.

作为一份政治温和、"中立"的大报，我们有理由认为，《星期日泰晤士报》会采取比中右翼《每日邮报》更为平衡的立场。然而，该文中却存在基调和风格的切换：一方面采取妖魔化梅氏的立场（在大标题和随附漫画中体现得尤为明显），另一方面采取更为自由、人道和正面的立场。

该文占据了整整四分之一大小的版面，位于报纸中间版面的右侧。这一制高点布局表明了该专题文章的重要性。其最直接、最重要的信息是杰拉尔德·斯卡夫的一幅漫画，该漫画占据了这一版面的上半部分。漫画上方是"梅氏加冕之五页特刊"字样；下方是"打造一个新的关爱型社会：钢铁娘子出击"字样；内部是一位头发灰白、下巴后缩、双腿修长、穿着小猫跟豹纹鞋的女士。与这双鞋相呼应的是她裙子上的豹纹。众所周知，这些细节直指梅氏。她面带笑容，手持一把血淋淋的大斧头。这幅漫画所包含的信息足以让那些对相关物品和姿势具有文化知识的人认识到，这就是新任首相特蕾莎·梅。鲜血滴在她身后一排小很多的男性追随者身上。所有这些提供了足够的符号学线索，让有文化意识的读者能够辨认出首相内阁的新成员,包括新任外交部部长鲍里斯·约翰逊(被装扮成小丑)。地上躺着的两个头颅同样提供了符号学线索,供读者辨认出这两位正是遭罢免的部长乔治·奥斯本和迈克尔·戈夫(前任戴维·卡梅伦政府的核心人物)。在我们阅读正文之前,该漫画就引导我们将梅氏解读为一位胜利但嗜血的领导人。豹纹裙和豹纹鞋象征着梅氏的豹样品质;像一只大猫一样,"毫不留情地"偷袭猎物,然后丢下它们等死。标题《钢铁娘子出击》概括了全文的意图:梅氏被视为战斧和铁娘子。"钢铁"一词暗示着,她甚至比英国第一位女性首相玛格丽特·撒切尔还要强硬,后者素有"铁娘子"之称。事实上,文章自身就肯定了这一联系,其在某处评论中说:

> [梅氏]的冷酷无情值得称赞。右派会把她看成另一个玛吉。

与漫画和标题相比,文章则相对温顺(如果读者可以原谅双关语的话)。前三分之一以温和而平衡的方式定位梅氏执政的头几天,试图从她本人的视角具现这段经历,并报道了梅氏对同僚支持者的体贴以及他们对她的相应赞赏。然而,从那时起,用词的语气和风格突变:

> 然而,指令之中亦有"钢铁"。

该文使用大量的意象,反复使用武器、战争暴力("两人数次交锋")和动物的野蛮("梅氏的残忍可能会反过来咬她一口")等类比手法。豹子意象在最高级语法结构中回响,例如:

> 在她进行了有史以来最残酷的内阁扑杀之后,很多[被解雇的部长]正在本周末舔舐伤口。

那么,我们又如何得知梅氏被妖魔化的原因在于她是一个女人而不仅仅是一个强大的领导人?当女性领导人采取果断行动,如罢免同事时,我们的感受是,该行动比相应的男性执行起来更为残酷无情,这种迷思意义可能深深植根于我们的文化心理(Eagly & Heilman, 2016)。然而,西方文化中那些关于性别歧视的主流话语导致记者直接在新闻媒体中批评女性的做法越来越不被认可,文体修辞因而被用来取而代之。在下列意象的运用中,很难看出新闻业已经含蓄很多:

> 梅氏比哈罗德·麦克米伦在"长刀之夜"还要残忍。1962年7月13日,也就是54年前的同一天,麦克米伦罢免了7名内阁部长。梅氏的"细长高跟鞋之日"让她在社交上领先于此前的一切。

通过与相应的男性首相进行比较,以性征化处理梅氏的行动,同时隐喻性暗指其迷人的鞋子("细高跟女鞋"一词原指带有尖细刀刃的短匕首),这些都与该女强人的迷思般残忍产生共振。

最后,虽然在该文中,战斧/铁娘子的妖魔化成见更为普遍,但有迹象表明,梅氏具有蜂后的双重特征。如上所述,蜂后现象指的是,成功的高层女性未能鼓励和提升更多的女性下属,而是将她们视为对自身地位的威胁。《每日邮报》的那篇文章基本未出现这种成见类型。事实上,在强调由梅氏任命担任内阁职位的女性阵容时,却给人以相反的印象。然而,在《星期日泰晤士报》的这篇文章中,消息来源不明(一些人)的间接引语引发了"女人提防女人"的话语(Sunderland, 2004):

> 一些人在前教育部部长[尼基]摩根,以及反脱欧商务部部长安娜·苏布雷的罢免中,看到了那些很有可能挑战[梅氏]、意志坚强的女性政治家的末日。

比格内尔(Bignell, 2002)提出,通过使用诸如"一些人"之类的模糊语,新闻记者可以将自己的观点隐藏在消息来源后面。通过施事者缺失、名物化等句法结构的使用,记者可以暗指梅氏才是两名高层女性被罢免的罪魁祸首,而无需对她直接指控。这种对成功女性企图阻碍其他成功女性职业发展的含意,在另一个不具名的转述评论中得以强化:

> 另一位被罢免的部长说:"有些女性有一个特点,她们不会提拔其他女强人。"

由于惯常的新闻实践允许不具名的消息来源,因而我们永远无从得知该评价性陈述是源自男性部长还是女性部长之口,甚或,是否真的有人发表过这一评论。总的来说,我认为该文基于人们熟悉的两种领导人成见类型——铁娘子和蜂后,对梅氏进行了明确的建构,无论哪一种都是对她的危害和批评。虽然我们被赋予一些方法,可以去"逆向"阅读该文的某些部分(参阅第五章以了解具体方法),但该文邀请我们进行的首选阅读是,把梅氏看成一位凭仗过度残酷来实现目标的野蛮领导人。

✺《卫报》

《特蕾莎·梅作为首相的第一个誓言是打造一个"统一的不列颠"。她能实现吗?》记者:托比·赫尔姆,2016年7月16日,星期六。https://www.theguardian.com/politics/2016/jul/16/theresa-may-one-nation-britain-prime-minister.

《卫报》瞄准的是专业人士和中产阶级读者群,以中左翼政治立场著称(The Press Gazette, 2016)。据此,我们完全可以预测,该报这篇描述梅氏任职伊始的文章,虽不会完全同情她的政治处境,但会积极支持(或至少中立)她作为保守党女性领导人的上任。这篇在线版文章的确采用了有别于另外两份报纸的定位方式,虽然和我们的预期略有不同。该文主要将梅氏定位成神话叙事中发起全面革命的角色,其中,新"伪装者"(特蕾莎·梅)果断废黜了旧统治者(戴维·卡梅伦)。该文还将她定位于一个更大的论述框架中:英国公投决定退出欧盟,论点是政府的两个承诺,即"统一的不列颠"和英国脱欧。上文所给的大标题表明了这一定位:提出一个反问句,以在文章的其余部分进行回答。有了论点和故事这两种话语结构,梅氏就成了莎士比亚体"历史"剧中的主人公,也是复杂论点的一个组成部分。虽然该文中有诉诸铁娘子和蜂后的成见迹象,但两种类型都服务于神话叙事和记者论点的更大目标。

就梅氏的叙事角色而言,该文的第一行确立了政治叙事的体裁:

> 周三下午6点,特蕾莎·梅乘车从白金汉宫进入唐宁街时,她听到了国家分裂的声音。

借用拉博夫(Labov,1972)的术语,我们从第一行获知初始取向(initial orientation):何人,何事,何地,何时,为何,以及梅氏作为故事主角的定位。随文照片将梅氏锚定为主角:她第一次以新首相的身份进入唐宁街10号,其丈夫则以下属的姿势紧随其后。摄像加工在这儿被用作一种超现实手法,以提高读者的体验参与度。因为该照片是从首相府邸里面拍摄的,如此,我们就有了一种特权感:欢迎梅氏入住这个特殊的新家。所有这些都可能激发我们对她就任领导人的同情,而不是疏离。

报纸文本随后将前任首相戴维·卡梅伦定位为"离任英雄"、非传统英雄(anti-hero),甚至可能是该事件的受害者。但该报道暗示,读者的观察是透过主人公梅氏的双眼:

> [卡梅伦的]继任者,在相府外发表她作为首相的第一次讲话,就职于危时……国家需要抚慰。

该文随之以尊敬的口吻报道梅氏演讲的部分内容,并逐字转述了另一部分。在对梅氏的描述中,该文明确指称她的铁娘子的特征,认为她目的性太强,太过雷厉风行。与上述两篇文章一致的是,战争意象贯穿全文,以描述梅氏如何调遣前内阁成员:

> 24小时闪电战中,第一批被解雇的是奥斯本方,这场闪电战摧毁了旧秩序,卡梅伦方灰飞烟灭……

这里使用无施事者的动词被动形式表征该领导人的遥控方式,使梅氏看起来与解雇行为本身无关。紧随其后的是德语词"闪电战"(blitzkrieg)的使用,参照的是德国在"二战"中轰炸英国城市,这无疑是妖魔化梅氏作为领导人行事的手法。自始至终,该新闻报道都在借鉴军事意象,描述一场激烈的权力斗争。叙事中的"主要情节"(Labov,1972)或核心事件是,"权力鼎盛时期的政治家"领导的一场"全面革命"。尽管梅氏的"演讲和承诺抚慰人心",但她的继任会滋生"财富人质",这些人质最终会"毫不畏惧地寻求报复":

>脱欧是梅氏实现首相野心的原因。它摧毁了卡梅伦的首相职位,破坏了他的政治遗产,并导致了一段真空,其间,没有脱欧者可以填补混乱的公投余波。

这儿反复使用"摧毁""破坏""混乱的余波"等暴力意象,传达梅氏领导行动的力量和毁灭性。从内涵的角度来说,把描述梅氏"野心"的语句与描述对手被无情摧毁的语句并置,的确会诱导对那些有迷思野心女性的互文性联想,如莎士比亚悲剧中,麦克白夫人对其丈夫"跃跃欲试的野心",以及这种野心给主要人物带来的悲惨结局。无论是这里还是在整个叙事过程中,暗示都无处不在:梅氏的行为过激,可能会有不好的结局。

因此,叙事结构不仅有助于讲述当代政治的宏大"战争故事",而且有助于强化记者的论点。该结构也符合黑格尔的辩证法,即正题-反题-合题模式。此模式中,"她能实现吗?"是需要论证的。全文始终诉诸梅氏的铁娘子形象展开论述。正题是新首相的开端强而有力(在政治动乱之后,新首相的信心和钢铁般的意志交织在一起);反题是她的行动带来了骚乱和毁灭,其后果会很严重(既然已经打上了"充分展现首相权力"的烙印,对她的真正考验就必须开始了);而合题是开放式的,并未回答大标题中的设问:

>如果,无论她何时离开唐宁街……她在党内的声望甚至可能超过第一位入主唐宁街10号的女性首相。但如果她失败了,脱欧的问题很可能会导致另一位保守党议员的上任。

据此,在如何定位和评估梅氏的问题上,该文并未提供明确的合题或结论(coda)(Labov, 1972)。关于我们应该如何解读梅氏的就职,该文自始至终提供的都是混合信息,在结论中也没有加以澄清。将来,她可能会备受尊敬,享有英国第二位女性首相的美誉;又或,她可能会狼狈离职,落下"又一个保守党议员"的骂名。鉴于反题被安排在文章的后半部分,我们完全可以认为,两个预言中的第二个,即厄运更有可能发生。

总之,该文通过暴力和军事意象的使用,明确诉诸了铁娘子这种成见类型,但所有这些都服从于《卫报》文章的更大目的,即讲述一个引人注目的现代政治故事,并提供有说服力的论点。其中,梅氏作为领导人的潜力被评估、质疑,但绝对不是被否定。

小结

大量合理的证据表明,上述三篇文章对英国首相特蕾莎·梅的建构,均诉诸了铁娘子和战斧这两种成见类型,并在一定程度上诉诸了蜂后成见类型。在对她的建构中,还有一些其他的成见迹象,如《星期日泰晤士报》把豹子和狐狸精关联起来,将梅氏表征为猫科动物:迷人、性感但残忍。还有一种感觉是,梅氏在大标题中被直接刻画成"母亲"成见类型的对立面:"打造一个新的关爱型社会:钢铁娘子出击。"三篇文章中均没有出现"宠物"成见类型,这一点不足为奇,因为梅氏被建构为掌舵者,不受制于任何人,拥有雇用和解雇的行政权力。

女性领导人成见视角提供了关于"不同政治倾向的报纸文章如何建构女性掌权者"的不同见解。总的来说,英国首相特蕾莎·梅并非绝对地被刻画成不适合担任领导人的形象,相反,她被塑造成一个标准领导人的畸形版本。在三篇文章中,铁娘子漫画的使用有助于传达一种极端震撼感,引领读者感受梅氏就职第一天的雷霆行动。同时,暴力和好战意象的使用则传达了一种威胁感,引领读者感受梅氏逾越性别规范的领导行为。如果梅氏的果断行动由一位新上任的男性首相来执行,可能会令人惊讶或感觉意外,但如果由一位女性首相来执行,则会被认为过激、不自然、恐怖。成见的使用是新闻媒体操控现象的方式:一种陌生的、不可预测的、有违规范做法的现象。建构越是成见化,报纸文本希望投射的观点就越单一,越说教。然而,除了对女性领导人的这些简化和敌意的建构之外,还存在一些替代性的争议之声。《每日邮报》通过报道梅氏计划提拔的女性,平衡了其铁娘子的漫画形象;《星期日泰晤士报》在谴责梅氏"无情"的同时,也含蓄赞赏了她的果断;《卫报》提出了梅氏成为杰出领袖的可能性。在每一份报纸中,都存在一些潜层证据,让我们可以"逆向"阅读文本的主导信息,以释放对领导人更为正面的解读。我将在第四、五章详细探讨这一方法。

在下一章中，我将探讨第二个批评性视角——女权主义议程谱，并从该视角分析报纸对女性领导人的建构。

参考文献

Adams, R. B. (2016). Women on boards: The superheroes of tomorrow? *The Leadership Quarterly*, 27(3), 371-386.

Barthes, R. (1977). *Image, music, text*. (S. Heath, Trans.). London: Fontana.

Barthes, R. (1970/1990). *S/Z*. Oxford: Blackwell.

Baxter, J. (2010). *The language of female leadership*. Basingstoke: Palgrave Macmillan.

Baxter, J. (2017). Freeing women political leaders from their gender stereotypes? Reading UK newspaper texts against the grain. In D. Van De Mieroop & S. Schnurr (Eds.), *Identity struggles: Evidence from workplaces around the world*. Amsterdam: John Benjamins.

Bignell, J. (2002). *Media semiotics* (2nd ed.). Manchester: Manchester University Press.

Brescoll, V. L. (2016). Leading with their hearts? How gender stereotypes of emotion lead to biased evaluations of female leaders. *The Leadership Quarterly*, 27(3), 415-428.

Denzin, N. K., & Lincoln, Y. S. (2000). Introduction: The discipline and practice of qualitative research. In N. K. Denzin & Y. S. Lincoln (Eds.), *Handbook of qualitative research* (pp. 1-29). London: Sage.

Derks, B., Van Laar, C., & Ellemers, N. (2016). The Queen Bee phenomenon: Why women leaders distance themselves from junior women. *The Leadership Quarterly*, 27(3), 456-469.

Eagly, A. H., & Heilman, M. E. (2016). Gender and leadership: Introduction to the special issue. *Leadership Quarterly*, 27(3), 349-353.

Gravells, J. (2017). *Semiotics and written text: How the news media construct a crisis*. Basingstoke: Palgrave Macmillan.

Hammersley, M., & Atkinson, P. (1995). *Ethnography* (2nd ed.). London, UK: Routledge.

Hoyt, C. L. (2010). Women, men and leadership: Exploring the gender gap at the top. *Social and Personality Compass*, 4(7), 484-498.

Hoyt, C. L., & Murphy, S. E. (2016). Managing to clear the air: Stereotype threat, women and leadership. *Leadership Quarterly*, 27(3), 387-399.

Johnstone, B. (2008). *Discourse analysis* (2nd ed.). Oxford: Blackwell.

Kanter, R. M. (1993). *Men and women of the corporation* (2nd ed.). New York: Perseus Books.

Koller, V. (2004). Businesswomen and war metaphors: 'Possessive, jealous and pugnacious?' *Journal of Sociolinguistics*, 8(1), 3-22.

Labov, W. (1972). *Language in the inner city*. Philadelphia: University of Pennsylvania Press.

Miller, C., & Swift, K. (1981). *The handbook of non-sexist writing*. London: The Women's Press.

Muhr, S. L. (2011). Caught in the gendered machine: On the masculine and feminine in cyborg leadership. *Gender, Work and Organisation*, 8(3), 337-357.

Ross, K. (2002). *Women, politics, media: Uneasy relations in comparative perspective*. Cresskill, NJ: Hampton Press.

Ross, K., & Carter, C. (2011). Women and news: A long and winding road. *Media, Culture and Society*, 33(8), 1148-1165.

Sculthorpe, T., Tavris, C., & Jayaratine, T. E. (2016). *Bloodbath as May axes Cameron loyalists: Gove, Morgan, Letwin and Whittingdale are sacked from cabinet*. Retrieved from http://www.dailymail.co.uk/news/article-

3689419/What-Gove-Leadsom-New-Prime-Minister-Theresa-prepares-finishingtouches-team. html. Accessed 21 Nov 2016.

Shipman, T. (2016). *The steel lady strikes*. Retrieved from http://www.thetimes. co. uk/article/the-steel-lady-strikes-fndhsftm2. Accessed 21 Nov 2016.

Sunderland, J. (2004). *Gendered discourses*. Basingstoke: Palgrave Macmillan.

The Press Gazette. (2016). *The Audience Data*. Retrieved from: http://www.pressgazette. co. uk/category/comment-analysis/. Accessed 21 Nov 2016.

第三章 女权主义议程谱

摘要： 本章从"女权主义议程谱"这一视角出发，论证撰写女性领导人的文章无论是基于亲女权主义、性别中立，还是反女权主义立场，都深受自由女权主义的影响。运用与第二章相似的话语分析法，我探讨了报纸文章应对女权运动的方法，语料来源于《每日邮报》《星期日泰晤士报》和《卫报》对英国时装设计师和商界领袖塔玛拉·梅隆所做的报道，这三份报纸代表了女权主义议程谱中的三个立场。本章发展了更广泛的定义，即女性是一种交叠性存在，而不是一个本质论类别。

关键词： 性别中立　话语　自由女权主义　后女权主义　交叠性　女性商界领袖

前言

在本章中，我从"女权主义议程谱"（以下简称议程谱）这一视角出发，分析报纸对女性领导人的建构。"议程谱"一词在本书中特指专题文章中显性或隐性的态度渐变群：从亲女权主义，到（明显的）性别中立，最后是反女权主义（图3.1）。

亲女权主义　⟷　性别中立　⟷　反女权主义

图3.1　女权主义议程谱

在我看来，女权运动在塑造女性领导人的新闻报道方面发挥了重要作用。主要原因是，这场运动如今已经深深植根于西方关于职业女性的话语中，而且依然是诸多女性新闻的文化参照点(Mills & Mullany, 2011)，新闻报道多会采取颇具女权主义意识的立场。报道高层女性的文章往往基于一个前提，即她们有违于男性领导规范，这就引发了对女权主义明示或暗示的立场：从支持，到性别中立/性别盲视，再到敌视。我认为，该视角对研究女性领导人文章的学者们来说，不失为一种有价值的方法，因为它可以使根深蒂固的性别化假设浮出水面，而这些假设往往与文章的官方言辞相悖。例如，明显的性别中立场可能会通过对个体言语、特征和行为等的性别化假设,掩盖其"无意识偏见"(Equality Challenge Unit website, 2017)的实例。

我拟从议程谱出发,分析报纸在多大程度上援用某种女权主义议程,而这反过来又会影响读者如何解读报纸对女性领导人的建构。我使用与第二章相同的话语分析和符号学分析法,并摘取文中实例,阐述议程谱中的不同立场,重点关注报纸文本直接或隐晦定位自我在议程谱中的位置和方式。那我们如何识别报纸文章报道女性领导人时所持的立场?我的方法是,找出那些定位读者的语言、话语和符号学特征,并从中解析出议程谱中亲女权主义、性别中和反女权主义的立场。我自然清楚在这三点间存在诸多不同的立场和观点,有些文章可能还综合了好几个立场。我只是希望,通过本人鉴别那些具现女权主义立场的话语特征,可以激励学者们自己也使用这一视角。

在我看来,"亲女权主义"立场指的是女权主义的"自由主义流派"或现代主义版本。在本章的前半部分,我将对此做出解释。我认为,如果不了解女权主义的定义标准,就不可能理解性别中和反女权主义立场。在本章的后半部分,我基于议程谱,对《卫报》《星期日泰晤士报》和《每日邮报》中的专题文章进行具体分析。三篇文章的特写对象相同,即女商人和时装设计师塔玛拉·梅隆。

亲女权主义立场

女权主义在人文社科领域中存在着不同版本,因此很难界定亲女权主义立场。女权主义学派包括后殖民主义、激进主义、社会主义、马克思主义、唯物主义、法国自由主义等等。茱利(Julé, 2008)指出,在语言、性别和性征(language, gender and sexuality, LGS)的研究中,女权主义的广度并没有得到很好的体现。尽管LGS研究的领军人物卡梅伦(Cameron, 2006: 9)声称自己是"激进"的女权主义者,但大多数的女权语言学者鲜少将自己归类为某个流派或立场。米尔斯和姆拉尼(Mills & Mullany, 2011)发现,LGS研究似乎常常与"自由"女权主义联系在一起,后者关注机会平等、性别歧视等政治问题,近来开始关注不同性别化身份的文化待遇问题。

在 LGS 学者的研究中,自由女权主义的概念比较复杂,米尔斯和姆拉尼(Mills & Mullany, 2011:14)将其看成"一种隐喻不同女权主义浪潮的分类系统"。在两位学者看来,目前已经区分出三种不同的浪潮。"第一波女权主义"通常与女性参政权运动(争取西方女性投票权)联系在一起,现在(至少在英国)已经终结。"第二波"或"现代"女权主义兴起于 20 世纪 70 年代,鼓励人们尊重女性独特的"普世本质",关注所谓的男女生物性或社会性差异,挑战女性为次等性别的假设。"第三波"或后结构女权主义质疑第二波中"男女之间存在本质区别"的观点(参阅 Mills, 2008)。我在第一章中简单探讨了女权后结构主义版本。事实上,随着女同性恋、男同性恋、双性恋和变性身份的研究开始在学术界崭露头角,第三波女权主义开始批评媒体执拗于男女本质化差异的方式,指出这种本质观似乎永远是决定身份的首要因素。弗里德(Freed, 2003:703)辩称,性别分化的原因之一是男权制对话语的支配权,因为这"总是导致群体的高低排名或特权"。相反,女权主义的后结构主义版本认为,人们的身份是年龄、阶级、性征、种族背景和(无)能力等变量的交集。然而,报纸媒体很少赋予这些变量与性别同等的地位,特别是与领导人相关时。

在第三波女权主义浪潮的影响下,很多 LGS 学者已经从"自由女权主义"立场转向所谓的后现代主义或后结构主义立场。此类研究重点关注人们身份的交叠性、差异性和多重性。卡梅伦(Cameron, 2005)等人批评女权主义因目标不再统一而派生的去政治化倾向。然而,在米尔斯和姆拉尼(Mills & Mullany, 2011)看来,三波浪潮之间并不存在决然的时间先后顺序,也不存在所谓的"学者们摒弃过去的理论,才发展到如今的后现代主义视角"。两位学者认为,三波女权主义思潮大有并驾齐驱的态势。在女性没有投票权的地方,或每天遭遇性别歧视和性虐待时,第一波和第二波女权主义浪潮就会延伸过去(Mills, 2008)。

在我看来,报纸媒体采取的亲女权主义立场,基本符合自由女权主义的观点,即通过自身的选择、创造和反抗,实现并维护男女平等。同时,实现这一目标还需要政治和法律改革以及其他体制政策的保驾护航。鼓励女性接受教育、参加工作,鼓励雇主在工作/生活平衡、产假、陪产假以及儿童托管等方面给女性提供帮助。当然,这些基本权利现已载入英国法律,2010 年通过的《平等法案》一直沿用至今,报纸媒体和其他所有行业都受该法案的约束。我希望在下面的分析中发现,性别平等的基本权利已日益成为英国新闻界的正统观念。

自由女权主义立场多出现在亲女权主义的报纸中,特点有二。首先,乐于给女性发声的空间,因为在历史上,她被男权实践"默化"(字面义和隐喻义)了(Gilligan,1982:14)。其次,支持女性的"姐妹情谊"观,即相同的经历、关切和条件派生出女性的同舟共济。姐妹情谊的前提是,女性会相互支持,而不是相互破坏,尤其是在男性支配的公共场合中(Morgan,1970)。总的来说,自由女权主义认为,性别身份界定个体:男女构成二元对立,而这又反过来假设言语、行为、经历、能力、兴趣等性别化类型。自由女权主义直指社会变革,这对女性来说,并非没有可能,但绝对离不开女性的自助、教育、携手施压团体,以及议员们对变更法律的鼎力支持。

我预计,这种亲女权主义立场更有可能出现在中左翼的报纸媒体上,但在大多数具有政治倾向的报纸中,该视角也得到了法律的"认可"。我在下文对报纸文章进行分析,意在找出那些具现亲女权主义立场的语言、话语和符号特征。

性别中立立场

就女权主义而言,这种立场处于报纸建构女性领导人方式的"中间地带"。性别中立视角似乎尊重消除性别歧视和实现机遇平等的目标,故而与女权主义非常接近,但该视角往往会通过忽略和/或默化,以中和或消除这些问题。这种"不言不行"恰恰意味着,该视角对性别和女权运动相当关注,因此在意识形态上,实际上一点也不中立。

性别中立指的是,语言、政策和实践应避免根据一个人的性别或性征(sexuality),来区分其社会/职业身份。该视角试图抗衡成见化假设,即某些言行方式更适合某种性别。这一概念是对20世纪60年代以来"性别歧视"的回应,即对女性的歧视,特别是以性别成见的形式。作为第二波浪潮或现代主义概念,该视角支持反对性别歧视的政治行动以及促进男女机会平等的政策。因此,性别中立的倡议者支持制定相关政策以消除性别差异,如针对具体性别的浴室,或女演员(actress)、主席(chairman)这类区分男女的语言表达。近来,这一概念已不太与消除二元性别分类联系在一起,而更多的是与挑战有限的性别分类联系在一起。性别中立可以解决性别边界的界定问题,无论是男女之间,还是涉及那些自我认定的其他性别:性别流动、双性、变性、顺性、非二元性别等等。

性别中立也意味着对女权主义采取性别盲视的立场。该立场认为,女权主义的目标已经基本实现,工作场所的性别歧视已不再是一个问题。女性应基于个人的优点,享受跟男性同等的待遇,而不应基于性别角色而享受优待。我在采访职业顶端女性时发现,这种观点具有普遍性。在她们看来,性别歧视已不再是一个问题,她们自己就是活生生的证据(Baxter, 2010a);她们完全有能力升任高层管理职务,而无需政府立法或机构政策的进一步干预,如为公司董事会中的女性人数设置配额(参阅 Sealy et al., 2016)。其中一些领导人无意支持那些有利于基层女性职业发展的政策。奥尔森和沃克(Olsson & Walker, 2003)发现,所有的受访女性均淡化性别在她们职业发展中的作用,也否认性别是她们被视为领导人的障碍。同样,在我自己的研究中,相当一部分受访者认为,像我这样的女权主义学者往往会"小事大说",对性别的关注也往往是小题大做。

我研究的三家报纸都是独立新闻标准协会的成员,该协会针对报纸对女性领导人的建构问题,专门制定了平等和多样性的编辑实务守则(IPSO, 2016)。这些守则建议,报纸应在性别、性征和其他身份类别方面,避免对新闻对象使用存有偏见的或贬损性的语言。如果新闻文章看起来明确秉持性别中立立场,记者则可以规避任何带有明显性别色彩的行动、言论或行为。例如,这可能意味着"可逆性"规则的应用(Larris & Maggio, 2012),即避免使用不能同等适用于男性的语言去描述女性。这意味着,就内容的严肃性或逻辑关系而言,援引性/性别不会低于援引其他社会身份类别,如职业、年龄、种族和外貌。因此,性别中立意味着坚守"并行"原则(Larris & Maggio, 2012),即谈论某一个体或群体的话语,也应该可以用来谈论对等的个体或群体。并行原则的缺乏会导致把男人形容为拥有一头"淡黄色头发"(fair hair),而女人则为"金发"(blonde)。事实上,在很多情况下,并没有对等词汇来形容女人,而且关键的问题是,男人的发色又曾被描述过几回?

在我看来,尽管做出了诸多努力,性别中立视角的影响整体来说可能是消极和反动的,主要原因在于该视角掩盖了那些仍然导致偏见、成见和歧视的问题。有些话语传播的观点是,只有那些离经叛道的女性才适合担当领袖,性别中立视角恰恰会成为坚持和再生此类话语的隐秘工具。为数不多的女性才能跻身高层这一事实可能说明,在男性支配的工作场所中,只有具有出色应变能力的女性才能取得成功。作为一种"异类",女性对于男性"领导规范"而言,其性别依然"显著",而这对寻求职业发展的女性来说毫无帮助。我稍后再谈这一点。

反女权主义立场

"反女权主义"一词表示两种观点:(1) 自由女权主义的目标有待商榷;(2) 女性因为性别而缺乏担任领导人不可或缺的素质。我们在下文的分析中会发现,这两种观点都会以直截了当的方式出现在报纸媒体上。尽管这两种观点愈益背离民主法律和原则,媒体却因此使用那些更容易被社会认可的话语,试图淡化这种立场(Mills & Mullany, 2011)。在我看来,报纸中主要有两种话语负责淡化其反女权主义视角:后女权主义和(反)政治正确性。

首先,"后女权主义"指"女权主义的消逝或所谓的终结,因为它已经没有存在的必要"(Mills & Mullany, 2011: 10)。确实,有相关观点认为,"女权主义走得太远了",后果是,向女性倾斜的极端政策让男性备受煎熬(McRobbie, 2009)。摆脱了女权主义的集体主义话语,后女权主义更具个人主义色彩,因而给人以自由选择的幻觉。如果某年轻女士选择在夜总会做脱衣舞女,穿着挑逗刺激,那她本人就承担后果,即成为男性眼中的性玩物,并甘之如饴。事实上,她自认为可以操纵和控制观众的反应。因此,她接受自主选择的主体定位,并从中获得愉悦自己的形式。表面看来,后女权主义似乎符合某些后结构主义原则,即人们不断游走于多重(可能相互冲突的)身份之间(Baxter, 2010b)。美国电视连续剧《欲望都市》(1998—2004)讲述四位30多岁单身女性的故事,借此宣扬这样一种观点:女性可以转圜于多个主体位置:都市女孩、女性朋友、高级时装模特、职业女性、男性猎手、以自己的性感为傲的人等等。这些角色在剧中并非政治活动人士或高层领导人。但是,她们的主体位置范围基于这样一种幻觉:女性已从男权压迫中解放出来,具有自主选择权,足够成熟,可以自行承担后果(Baxter, 2010b)。虽然并非所有的女权主义学者都反对后女权主义话语,但相当一部分学者对之颇有微词,认为这类话语潜在的影响实际上助力性别不公,因而是反女权主义的。例如,在塔斯克和内格拉(Tasker & Negra, 2007)看来,后女权主义和消费主义文化的兴起息息相关,后者最终

会剥夺女性的权力。女性成为广告和其他媒体输出的目标,即参与消费是为了满足自己对更好生活的渴望:

> 这一提法往往把自我利益与个性混为一谈,并将消费提升为一种治愈不满情绪的策略,而这些不满情绪又可以被理解为社会弊病和永不满足。(Tasker & Negra, 2007:2)

换句话说,女性神话的出现是基于其作为消费者的花钱能力,以及转圜于不同角色、位置和行为的显著能动性。这种神话掩盖了一如既往的歧视行径,如对女性的性征化处理和男女特征的日益两极分化。根据麦克罗比(McRobbie, 2009:260)的说法,后女权主义劝诫女性拒绝女权主义,"尽管拥有自由,但新的女性主体却被要求保持沉默、克制批评、做现代成熟女性,或者说,克制批评是其获得自由的一个条件"。

学者们(如McRobbie, 2009)认为,后女权主义已为西方和其他媒体的保守利益所惑,以给其露骨的反女权情绪蒙上一层面纱。其程度之甚,以至于现在被问起时,很少有新闻对象会承认自己是"女权主义者"。如果她们承认,通常会带有明显的"双声"(double-voicing)和条件(Baxter, 2014)。我在亲女权主义《卫报》的补充文章《G2 2014》中,发现了一个这样的案例。该文是对3位30岁不到的美国年轻女性(亚伯拉罕、库珀曼和菲什拜因)的专题采访。她们经营着一个名为"Betches"的网站,"为年轻女性提供残酷但诚实的新闻、八卦和建议"(Dean, 2016:12-13)。当记者问"你是女权主义者吗?"她们的答案是:

> 这是个很难回答的问题。亚伯拉罕说,如果你把女权主义定义为"所有男人和女人都应该平等","那么是的"。"赋予女性权力?"库珀曼插话道,"那当然。"

这种评论引发了两个问题:(1)"说她们是否是女权主义者为什么这么难?"(2)"她们还会如何定义女权主义?"虽然该文并未作答,但答案应该与对"女权主义"一词的极力诋毁相关(如上所述)。对此,桑德兰(Sunderland, 2009)解释道,包括非洲在内的很多文化中,女权主义者很容易被嘲讽为反家庭、反男性,甚至在某些情况下,反异性恋。在和英国大学生接触的经历中,我发现她们往往会把女权主义和女同性恋联系在一起,故而歪曲甚或妖魔化了这两个概念。学生在我课堂上常用的一种表达是,"我不是女权主义者,但……"她们随后才会阐述与女权主义者一致的观点。这种情况一直延续到我带着她们完成相关作业。此外,麦克罗比(McRobbie,2009)认为,对西方文化中的很多人来说,女权主义已经在很大程度上融入了主流议程,因此已无存在的必要。她(McRobbie,2009:10)推测,在英国,"女权主义元素已经被纳入考虑范围之内,并且已经完全融入政治和体制生活中"。这似乎是一个积极的态势,但麦克罗比(McRobbie,2009:1)并不这么认为。在她看来,女权主义一词已被"伪女权主义"接管,这导致其演变成了一个稀释的、非政治化版本。

报纸用来淡化反女权主义视角的第二种话语是(反)政治正确性。该术语系媒体自创,意指避免使用排斥、边缘化或侮辱社会弱势群体或受歧视群体的表达或行为方式。正如米尔斯(Mills,2008)所示,政治正确性这一概念既被贬义地用来批判所谓的政治中左运动,也被贬义地用来嘲讽所谓的荒谬运动,如对性别歧视语言的争论。在撰写本书时,我发现了一个反政治正确性,也可以说是反女权主义话语的案例。该案例是《每日邮报》于2016年10月20日第49版刊登的一篇题为《家庭主妇的最爱?不,自命不凡的〈女性时光〉令人大倒胃口!》的专题报道(参阅第五章)。这篇评论文章出自该报常驻记者阿曼达·普雷特尔之手,主题是英国广播公司第四电台《女性时光》节目的50周年纪念。该文抨击了《女性时光》探讨的女权问题,比如女性割阴礼或年轻女性遇到的"性骚扰短信"问题。普雷特尔(Platell,2016:49)批评该节目显然是寻求"在政治正确性的浅滩上划桨",而不是讨论"任何影响大多数英国女性生存的问题"。

我在上文谈到,"性别歧视"和"机会均等"至少在英国是有法律依据的主流话语。在这种情况下,为了给反女权主义立场披上一层中立的面纱,报纸文章通常不会公然使用反女权主义语言或鼓吹反女权主义原则。评论文章却是一个例外。此类文章中,新闻记者或一些风云人物(有时是女性)会应邀阐述其独特的观点。下文的分析探讨报纸淡化其反女权主义立场的方式。

分析

运用第二章解释的方法论,我现在分析三家英国全国性报纸建构女性领导人塔玛拉·梅隆的女权主义视角范围。梅隆是一位时装设计师、商业领袖和杂志编辑,曾是吉米·周的首席创意官和联合创始人。吉米·周是经营鞋、手袋和配饰的奢侈品牌。这家公司被收购后,她创立了一家新的个人同名品牌公司,该公司现已进入清盘阶段。她还曾获得大英帝国勋章,以表彰她对英国工业的贡献。《每日邮报》和《星期日泰晤士报》的文章关注她2015年的破产,而《卫报》的文章(稍早)则聚焦她作为一名女商人的观点。我选择她作为分析对象,主要原因有三:(1) 她在男性商界中取得了高层领导的职位;(2) 她享有国际声誉;(3) 她是议程谱上不同立场的三家报纸共同关注的对象。分析的局限性可能有两点:首先,梅隆并未同时出现在三家报纸上,因此文章收集于不同时期;其次,上述三种立场的所有特征未必在所选文章中都有所体现。从后结构主义的视角来看,我认为,报纸文本具有复调性或多声性,它传达、中和或试图掩盖多种相互角逐的声音和观点。我在每个案例中发现的与女权主义相关的声音,都发挥着定位读者的支配性作用,而其他声音则争夺关注。

本章采用第二章中所使用的研究方法,以确定种种特定的语言、话语和符号特征如何索引报纸文章的亲女权主义、性别中立和反女权主义观点。

❋亲女权主义:《卫报》

《"我是女权主义者吗?当然。"吉米·周的创始人谈论她找到自己独特的风格、新公司以及不再害怕"难以共事"的原因》记者:哈莉特·明特,2013年11月25日。https://www.theguardian.com/women-inleadership/2013/nov/25/tamara-mellon-jimmy-choo-feminist.

该文是在《卫报》在线版"领导层中的女性"栏目中发现的。在我撰写本书时,该栏目由于财政困难已被叫停。其中有一个名为"励志领袖"的连载专栏,关于梅隆的这篇文章就发表于此。该文基于对她的一次访谈,记者明特基本上没对访谈内容进行改动。这篇长达两页的文章中,有一部分是对梅隆评论的直接转述。本着自由女权主义精神,这种新闻干预的相对缺乏赋予梅隆一定的"话语权",即可以与读者直接对话。正如网页的通用标题所示,梅隆被定位为一位才华横溢、事业有成的领袖榜样,以此激励其他女性领导人。该文的编辑背景反映了《卫报》"友好于女性"或亲女权主义的立场:支持女性在领导层旗开得胜。在很多方面,该文在我的语料库中别树一帜,根本原因在于其直截了当、不加干预的报道方式,即主要通过新闻对象的话语来呈现女权主义观点。有人可能会说,这是因为记者明特也是一名女性,但是,下文中《每日邮报》上的文章以及一位反女权主义的女性,却在一定程度上挑战了这一说法。

在视觉上,随文刊登的是一张精心制作的宣传照,照片中的梅隆面带微笑直视镜头。该照拍摄的是她的全身:穿着无袖 T 恤和牛仔裤,坐在宽大的丝绸沙发上,周围是精致的丝绸靠垫。这种姿势传达的信息是:一个自然肤色的长发女人,看上去年轻、随意、放松。衣着也不是(她的品牌可能期许的)昂贵的高端时装,尽管背景和物品诠释着财富。从这些符号来看,该照勾勒了一个女人:她可以让自己看起来很随意,也愿意以一种非正式、没有威胁的方式吸引读者。

在语言上,该文是以访谈的形式撰写的。访谈伊始,记者间接转述了一个与女权主义相关的问题:"那么,我是否应该期望她谈谈女权主义的品牌化呢?"该问题的措辞凸显了女权主义对报纸版面议程的重要性。文章没有直接回答这个问题,而是给予梅隆空间,让她根据自身经历畅谈女权主义,并提供定义以索引她本人的自由女权主义议程:

> 所谓的女权主义者就是想要平等的人。就这么简单,就是平等。要求平等没有错。

在访谈中,梅隆借鉴自由女权主义的言辞,以支持若干女权主义原则,包括:臆测男女之间的截然不同;男权制默化的概念("我发现很难找到自己的声音");"冒名顶替综合征"(很多事业备受瞩目的女性缺乏内在的自我信念和信心);媒体和职场对女性的负面表征("我们被贴上'难以共事''名媛'或我最喜欢的、'无团队意识'的标签");追求同工同酬;工作中需要更多的女性领导人以身作则;最后是"姐

妹情谊"(需要女性轨物范世,以激励更多的基层女性):

> 我认为,任何一个到达那个[领导]职位的女性都应该大胆说出自己的想法,并把其他女性拉到我们身后。

梅隆在这儿和在整篇文章中被直接引用的语言都是非正式的,但剖析的都是女性领导人所面临的问题。她的语言时而武断(使用绝对断言),时而粗鲁[大多数英国报纸要求语言的使用不得冒犯他人(IPSO, 2016)]。她说:

> 1. 问题是60年代的媒体人把女权主义者定义为想切掉男人命根子的厌男者。
> 2. 我会尽量避免冲突,但走开后……我会想,"我要逮住那个杂种"。

然而,总的来说,在梅隆谈论她处理作为女性领导人所经历的厌女症问题时,我们读者被定位为高度认可她的观点。文章开头首先赞扬梅隆作为企业家和全球品牌领袖所取得的成就,接着借新闻评论引入一些话题。这种编辑方式既能确保访谈内容的连续性,也可以报道(而不是批评)梅隆的观点。当记者间接转述梅隆言论时,基本保持了中立("她认为自己最大的问题是缺乏灵活性,错过了与女儿在一起的时间")。明特与梅隆"合谋"宣传她的新书(Mellon, 2013),这也许是访谈得以成行的一个"协议"。唯一的例外是,记者点评了梅隆的女权主义执念,这或许意味着,《卫报》支持一个更温和、更容易被社会接受的版本。在评论中,记者质疑梅隆的观点:女权主义者并不是"想切掉男人命根子的厌男者",她写道:

> 浏览她的新书《穿我的鞋:回忆录》,看到的可能是另外一个故事。贯穿她一生的为达目的不择手段……坦率得让人大开眼界,但那就是她对生活的新态度。

根据我们对该文如何投射亲女权主义视角的了解,可以鉴别出很多索引这种观点的语言策略。可以说,该文的亲女权主义原则和目标非常明确,但这些不是记者通过自己的评论来传达的,而是通过新闻对象之口。使用直接引语这种语言策略,让该特写对象在没有过多干预或批评的情况下,畅谈自己的观点,这意味着,受访者的观点得到尊重和认可。穿插其中的评论基本上是功能性的,负责总结访谈中缺失的部分内容。文中没有外界的声音,就梅隆以及她的女权主义版本而言,这种处理可能会提供更为平衡或多声的视角。

✳ 性别中立:《星期日泰晤士报》

《对她的同名品牌公司来说,太大了?塔玛拉·梅隆将吉米·周打造成了一个价值10亿美元的全球巨擘。随后,她创立了自己的品牌,主打奢华快时尚。但在两年的混乱之后,该公司已然崩盘,投资者损失惨重》记者:彼得·埃文斯,2015年12月20日。http://www.thesundaytimes.co.uk/sto/business/Retail_and_leisure/article1647041.ece.

《星期日泰晤士报》的"商业"副刊整页刊登了关于梅隆的文章,重点关注了这位领导人濒临破产的窘境,以及她可能给投资者带来的价值"数百万美元"的巨额债务。正如副刊标题所示,该文聚焦商业灾难的细节,"深挖"梅隆破产的商业细节,比如到底有谁卷入了这起事件,以及这起事件可能带来的财务后果,而不是梅隆自身的女性领导人身份。下面的摘录具有一定的代表性:

> 业务增长的预测与措辞相符。2014年,也就是塔玛拉·梅隆有限责任公司运营的第一个全年,预估销售额为1870万美元。这一数字有望跃至7450万美元。

这儿,公司名称、财务数字和业务技术词汇(如扩展、增长、利润、预估)的使用,从性别中立的视角,将梅隆归类为商业名义领袖,而不是个人领导者:她就是企业。文章的其余部分则基于后女权主义视角,将她定位为一个能够轻松游走于多个角色的商人,兼具常规意义的男性气概(公司创始人、首席执行官、董事长、企业家、企业形象大使和奢侈品零售商)和女性气质(时尚达人、鞋业女王和未婚妻)。不同于下文《每日邮报》的文章,该文并没有首先关注她的私人生活、人际关系或奢华的生活方式。

该文的主要目的似乎是描绘梅隆作为商业领袖从成功走向失败的历程。一种我称之为"骄者必败"的媒体话语,首先将梅隆定位成一个雄心勃勃、处于成功巅峰的领袖,然后站在性别相对中立的立场,探讨梅隆创业失败的环境和原因,并对其作为一名商人的未来做了预测。但文章的后半部分笔锋一转,探讨"一切咋就变得如此糟糕"。在追究应该"归咎"于何人何事时,该文采用了"个体化"策略(把失败归咎于个人,而不是更大的结构因素),下面的摘录说明了这一点:

> 更有针对性的是,有些人完全把责任归咎于公司这位知名创始人的个性。他们说,该创始人并未在项目上投入足够的时间和精力。

虽然这一点的表述基于性别中立的视角,但定位了读者对梅隆"个性"脆弱且不稳定的解读。该文接着用一波精神不稳的例子对读者狂轰滥炸,以说明她的"飘忽不定"和"失控"行为。种种例子均来自某些匿名"内部人士",借转述言语这种形式进行评论,显然有助于记者规避进行任何直接的批评。在这些"知情人士"口中,梅隆经常迟到早退。据称,她还挪用公司资金雇佣精神病医生。该文随后报道了"梅隆数年可卡因成瘾和吉米·周[鞋业公司]的惨败",而这些都是记者从梅隆的自传中搜集而来的。最后,该文(借他人之口)指控这位领导人在"康复诊所"与丈夫会面。全文未给梅隆任何发声的空间去反驳这些指控。事实上,我们也无从得知,记者在撰写该文时是否征求了她本人的意见。可以说,该文并未公然性别化处理这些指控,而仅是转述"内部人士"话语来总结梅隆的精神问题(Labov, 1972):

> ……投资者非常清楚这种过度行为。这是其购入品牌的一个部分。"我完全错了,"一位原始投资者上周坦陈,"我们都完全错了。"

打着性别中立的幌子,该文对梅隆的定位,看起来与对其他面临破产的商业领袖的定位并无二致,但其引发的阅读效果却是对女性的益发反感。与其直接指责她是女性因而无能,不如暗示她精神失常,因此不能胜任领导人角色。正如我在第二章探讨的"铁娘子"成见那样,在历史和文学中,对女强人"疯"或"癫"的刻画由来已久(Chesler,1972/1997)。我对该文的诠释是其对梅隆的性别化处理,文章使用梅隆的照片这一视觉证据,也证明了我的观点。该照片占据着页面的中心位置。"特效"手法将梅隆置于鲜红色背景中,并用一个动作镜头自然抓拍了其跨出画框的姿势。这种姿势目的明确,但雅致不足。她面带微笑,眼神狂野,身着露胸修长晚礼服,布料上的图案是浅色底纹上的黑色火焰。该照片不仅沿用了"骄者必败"的传统媒体话语,也拥抱"雄心女人都是疯子"这种性别化话语。标题《对她的同名品牌公司来说,太大了?》则为照片提供支持。

总之,该文的撰写并不是基于明确的、性别中立的视角,而是被角逐的性别话语撕裂。使用"梅隆"这一性别中立称呼,或设法在常规的男性气概和女性气质之间保持平衡,种种手段都被用来索引文章的性别中立立场。这一立场援引后女权主义议程,即女权主义目标(如平等机遇)已然实现,性别在某种程度上已经无关紧要。文章的前半部分大量借鉴商业语义领域,以中和梅隆的性别;她只是一个濒临破产的领导人,这可能会影响任何一位商人,无关性别。与此一致的是,文章的架构沿用传统(媒体)"骄者必败"的叙事情节,并对其原因进行剖析。但与此相反的是,文章随后诉诸极为阴险的性别化话语:一位精神错乱的女性领导人导致了公司的倒闭。在我看来,"雄心女人都是疯子"这种话语削弱了文章表面的性别中立,而传达了一个截然不同的,可以说是反女权主义的信息,记者在文末总结之前,首先二手转述梅隆的言语,也说明了这一点。梅隆在这儿引用的也是她仰慕的时装设计师均为男性,这对行文目的来说,也许并非事出偶然:

"我大脑中有一个完整的世界。拉尔夫·劳伦、阿玛尼、范思哲、芬迪,他们都是这么做的。"的确,他们都这么做了,但到目前为止,梅隆没有。

❋反女权主义:《每日邮报》

《高端奢靡吉米·周鞋业女王如何砰然坠落?》记者:露丝·桑德兰,2015年12月7日。http://www.dailymail.co.uk/news/article-3348689/How-high-living-Jimmy-Choo-shoe-queencrashed-earth-s-David-Cameron-s-trade-ambassador-s-humiliating-newepisode-Tamara-Mellon-s-life-firm-goes-bankrupt.html.

该专题文章占据《每日邮报》的中心双页版面。在右侧页面,醒目的加粗加大标题占据了页面的四分之一。其中,用更大的红色字体加以强调的"坠落"一词更是溢出标题右侧的梅隆影像,遮住了她的部分身体。与《星期日泰晤士报》一样,该文试图描绘梅隆作为商界领袖的失败之路,但与《星期日泰晤士报》不同的是,该文着重关注梅隆享有特权的名流生活方式。全文按照黑格尔辩证法结构展开:正题描述梅隆崛起成为国际名人;反题描述该女商人戏剧性地沦落至破产;合题或尾语总结说,她作为债务人的处境"不会对她的生活产生任何影响"。破产不会对梅隆产生负面影响的原因是全文的论点:梅隆之所以幸存下来,是因为她不择手段。该论点是通过高度个人化的"肖像"来构建的:背景、生活方式和性格。她的人格特征经过严格论证,并被确认为导致她破产的罪魁祸首。全文基本没有分析公司失败的背景因素,如经济状况、时装行业或投资者、执行董事会和非执行董事会在公司失败中扮演的角色。

全文运用语言学和符号学策略来妖魔化梅隆。行文伊始,记者露丝·桑德兰就向读者明示了她本人对梅隆破产的看法:"丢脸的新情节。"随后,该记者诉诸"狐狸精"这一领导人物角色,以定位读者去怀疑梅隆。她说,270万英镑的债务:

> 将是对男性投资人的打击,他们被她表面的商业头脑**蛊惑**,其中包括迈克尔·斯宾塞这位通过个人投资工具IPGL给她投资的城市大佬。
> [黑体为本书作者加标]

后来,梅隆被描述成"滑步舞出"吉米·周这个她以前创立品牌的公司。选择"滑步舞出"和"蛊惑"两个词暗示着,梅隆利用她的女性魅力给"男性"投资者"施加魔咒",从而导致他们失去理智。这些词显然不符合"可逆性规则"(Larris & Maggio,2012:3),即记者不应该用一个不会用在男人身上的词来形容女人。该段继续列举了一些显然被梅隆迷住的商界巨擘。但有趣的是,记者转述了一位投资者性别中立的评论,而这在某种程度上破坏了这一语篇策略:

> 马兰勋爵简而言之:"风险投资有赢有输。"

马兰勋爵的言论表明,在创业文化的背景下,商人经常会被预期"亏本",这必然给债权人带来苦果,而这是他们需要接受的风险。露丝·桑德兰把"滑步舞出"和"蛊惑"这两个词,跟"男性投资者"关联起来,这种策略说明,梅隆首先被定位成女性,甚至可能是一个性威胁,而不是商人。

与语言文本相呼应的是一张置于标题旁边的新闻照片。这可能是梅隆为了宣传而拍的全身正式照:办公室中的她坐姿放松,浅笑迷人,大胆直视着镜头。"摄像加工"程序(参阅第二章)的使用,意味着上乘的拍摄质量,也让特写对象更加上相(Barthes,1977)。照片中的梅隆身着彩色露肩羊毛针织迷你裙,露出大部分茶褐色双腿,一双灰绿色细高跟鞋甚是显眼,造型完美的长发盖着她的部分身体。这种姿势、物品和摄像加工程序的使用暗示着一种感觉:至少按照西方的审美标准来说(Gill,2007),梅隆在利用外表吸引力和性诱惑推销其鞋子品牌。这张迷人的照片本身没有任何妖魔化的成分,但当我们就着标题阅读时,才发现情况并非如此。显然,这一标题("砰然坠落")支持对梅隆的恶意解读:失控,性危险。

在这一点上,全文对梅隆进行了一系列负面评价。但这些很少由记者本人明确提出,而是借直接引语和间接引语,通过叙事参与者之口来完成。这让记者规避发表个人观点,给人的印象是,对梅隆的负面看法基本都是认识她的人感受到的。很多直接引语的消息来源是"她在伦敦的一个朋友",这位"朋友"看似准备发表无害的言论,却成功地将梅隆贬损为生活奢靡人士,比如:

> "她工作日待在纽约,周末则在汉普顿(位于富有的精英社区),她在那儿有一套超棒的海滩别墅。"这位朋友说。

在文章的其他部分,这位"朋友"很乐意直接贬损梅隆,表明了一种"女人提防女人"的话语（Sunderland，2004），因为即使是她所谓的朋友也很乐意作证指控她。一个负面评价的主题是，梅隆的破产不会伤及她的独立财富或中断她的肆意挥霍。这位"朋友"很乐意八卦这一主题，下面是一个例子：

> "塔玛拉似乎一点点节俭的概念都没有。"她的朋友说，"她有一个团队随时待命，处理她一时的心血来潮……（未婚夫）送给她的订婚戒指至少花了100万英镑。"

当记者确实直接进行负面评价时，通常是借助表面无害但令人惊讶的事实信息来完成：

> 她还有一个相当有钱的新未婚夫，长得像迈克尔·奥维茨，比她大20岁，是美国的一名天才经纪人，据说身价2000万英镑。尽管这两人拥有巨额财富，但援引《联邦破产法》"第11章"申请破产意味着，公司的债权人不会对梅隆的个人资产提出任何索赔。

这番话中使用的语言隐含着各种价值判断：因为和有钱人订婚，梅隆不必担心金钱的问题；她的未婚夫比她大得多，这可能会导致读者质疑她的结婚动机；而转折连词"尽管"和负能量形容词"巨额"的使用则暗示，梅隆不用自己的财富去偿还投资者的债务是不道德的。该文花了一些篇幅来详述她未婚夫的炫富，强烈暗示他已经成为梅隆的"甜心爹地"。

记者露丝·桑德兰曾供职于《卫报》的姊妹报《星期日观察家报》，也曾因采取亲女权主义立场支持女性商界领袖配额制而小有名气，故而，这种肆意炮轰梅隆的文本视角委实让人意外。事实上，该记者曾因对女性领导人的性别平等观点（如《2016年商业价值运动》），而受到一些男性批评者的猛烈抨击。不过，在那之后，她跳槽到《每日邮报》。

那么，我该如何描述该文在女权主义议程谱中的定位呢？自由女权主义的主要原则之一是坚持姐妹情谊：在各种职业和社会环境中，如果其他女性被（特别是被男性）中伤，女性应向她们提供明确的支持。该文邀请读者乐享梅隆的明显失势

(多彩职业生涯中丢脸的新情节),谴责她的寡廉鲜耻(通过宣布破产而"蒙受"最小的经济损失),而不是邀请读者支持和同情她新公司成功之后的失败。记者的立场和梅隆的朋友缺乏姐妹团结的意识,体现了"女人提防女人"的性别化话语(如Sunderland,2004)。总的来说,梅隆被塑造成一个不适当地吸引男人的关注,与此同时失去女性同事和朋友支持的领导人。此外,她还被看成一个利用性魅力去博得男性高管同僚关注的领袖,对其他女性来说是一个性威胁。该文援引"女人提防女人"话语,以将梅隆表征为勾引男人的狐狸精、女人中的蜂后(参阅第二章)。总而言之,我的解读是,尽管并未明确援引反女权主义观点,但该文对梅隆采取的是"仇视女性"和反女权主义立场,邀请读者根据性别和性征,而不是根据商业头脑和创业经验,来看待梅隆。全文充斥着建构梅隆的反女权主义观点,因为该文压制了这位领导人的任何成功特征,并凸显了"才女危害才女"这一姐妹情谊神话缺失的消极面。

在接下来的两章中,我探讨文本中的此类小裂痕和矛盾之处如何提供空间,让我们换种方式,从可能更具支持性的角度解读新闻对象。在第四章,我介绍分析报纸文章中女性领导人话语建构的"反身"法,并解释其原则和方法论。在第五章,我把这个方法付诸实践。

参考文献

Barthes, R. (1977). *Image, music, text*. Trans. S. Heath. London: Fontana.

Baxter, J. (2010a). *The language of female leadership*. Basingstoke: Palgrave Macmillan.

Baxter, J. (2010b). Constructions of active womanhood and new femininities: From a feminist linguistic perspective, is Sex and the City a modernist or a post-modernist TV text? *Women and Language*, 30(2), 9-98.

Baxter, J. (2014). *Double-voicing at work: Power, gender and linguistic expertise*. London: Palgrave Macmillan.

Cameron, D. (2005). Language, gender and sexuality: Current issues and new directions. *Applied Linguistics*, 26(4), 482–502.

Cameron, D. (2006). Theorizing the female voice in public contexts. In J. Baxter (Ed.), *Speaking out: The female voice in public contexts* (pp. 3–20). Basingstoke: Palgrave Macmillan.

Campaign for Merit in Business. (2016). Retrieved November 18, 2016, from https://c4mb.wordpress.com/.

Chesler, P. (1972/1997). *Women and madness*. New York: Doubleday Books.

Dean, M. (2016). Meme girls. *The Guardian* (G2) (pp. 12–13). London: The Guardian.

Equality Challenge Unit. (2017). *Unconscious bias*. Retrieved February 1, 2017, from: http://www.ecu.ac.uk/guidance-resources/employment-and-careers/staff-recruitment/unconscious-bias.

Freed, A. (2003). Epilogue reflections on language and gender research. In J. Holmes & M. Meyerhoff (Eds.), *The handbook of language and gender* (pp. 699–721). Oxford: Blackwell.

Gill, R. (2007). *Gender and the media*. London: Polity Press.

Gilligan, C. (1982). *In a different voice: Psychological theory and women's development*. Harvard: Harvard University Press.

IPSO. (2016). *Editors' code of practice*. Retrieved November 18, 2016, from https://www.ipso.co.uk/editors-code-of-practice/.

Julé, A. (2008). *A beginner's guide to language and gender*. Clevedon: Multilingual Matters.

Labov, W. (1972). *Language in the inner city*. Philadelphia: University of Pennsylvania Press.

Larris, R., & Maggio, R. (2012). *Name it. Change it: The media guide to gender neutral coverage of women candidates and politicians*. New York: The Women's Media Centre. Retrieved November 18, 2016, from http://www.womensmediacenter.com/pages/about-us/.

McRobbie, A. (2009). *The aftermath of feminism: Gender, culture and social* change. London: Sage.

Mellon, T. (2013). *In my shoes*. New York: Penguin Random House.

Mills, S. (2008). *Language and sexism*. Cambridge: Cambridge University Press.

Mills, S., & Mullany, L. (2011). *Language, gender and feminism: Theory, methodology and practice*. London: Routledge.

Minter, H. (2013). *'Am I a feminist? Absolutely'. The founder of Jimmy Choo talks about finding her voice, her new company and why she's no longer afraid of being 'difficult to work with'*. Retrieved November 18, 2016, from https://www.theguardian.com/women-in-leadership/2013/nov/25/tamara-mellonjimmy-choo-feminist.

Morgan, R. (1970). *Sisterhood is powerful: An anthology of writings from the women's liberation movement*. London: Random House.

Olsson, S., & Walker, R. (2003, July). The wo-men and the boys: Patterns of identification and differentiation in senior women executives representations of career identity. *In Proceedings of ANZCA03: Designing Communication for Diversity*. Brisbane: QUT Business School.

Platell, A. (2016, October 20). Housewives' favourite? No grindingly right-on Woman's Hour is a turn-off!. *The Daily Mail*, (p. 49).

Sealy, R., Doldor, E., & Vinnicombe, S. (2016). *The female FTSE board report*. Cranford: Cranford University.

Sunderland, J. (2004). *Gendered discourses*. Basingstoke: Palgrave Macmillan.

Sunderland, J. (2009). Language and gender in African contexts. In *Proceedings of the BAAL 2009 Conference* (pp. 127–129). Edinburgh: University of Edinburgh.

Sunderland, R. (2015). *How the high-living Jimmy Choo shoe queen crashed to earth'*. Retrieved December 20, 2015, from http://www.dailymail.co.uk/news/article-3348689/How-high-living-Jimmy-Choo-shoe-queen-crashedearths-David-Cameron-s-trade-ambassador-s-humiliating-new-episode-Tamara-Mellon-s-life-firm-goes-bankrupt. html.

Tasker, Y., & Negra, D. (2007). *Interrogating post-feminism: Gender and the politics of public culture*. Durham: Duke University Press.

第四章 反身法:原则与方法论

摘要: 反身法采用一套从女权后结构主义话语分析(feminist poststructuralist discourse analysis,FPDA)发展而来的策略。借助这些策略,学者们可以逆向阅读任何取向的报纸文章。反身法致力于分析文章引导读者回应文本的方式,以揭示文章的现实版本。该方法既结合后结构主义的"解构"阅读,以揭示深层话语结构,也结合补充性的"重构"方法,以引发替代的、不同的阅读和见解。我同时解释该方法在四个层面上的操作方式:微观语言、文本、表征和话语。

关键词: 反身性　女权后结构主义话语分析(FPDA)　解构主义　重构主义　重构分析

前言

反身法是我分析报纸如何建构女性领导人的第三个视角,该方法主要吸纳了女权后结构主义话语分析(FPDA)的原则。我在本章中介绍该方法的原则和方法论,在第五章将之付诸实践。我认为,基于 FPDA 的反身法可以提供一些策略,供学者们逆向阅读并"解构"那些性别化女性领导人的报纸文本,以释放新的见解。我借鉴大家耳熟能详的后结构主义反身性概念,即"人既是认知的主体,又是自我研究的客体"(Foucault,1980)。反身法有两种应用方式。首先,提高话语分析者对文本产生"内在现实"方式的认识(Heritage,1984:6),这种"内在现实"可能凸显某种现实版本而隐藏其他版本。反身法分析文章引导读者对文本做出反应的方式,旨在揭示文本表层的支配版本和被压制的深层版本。其次,在鉴别文本观点、目的、欲望和政治立场的同时,话语分析者可以借此反省禁锢于权力漩涡的自己在这些方面的表现如何。我认为,使用反身法分析报纸如何表征杰出女性的价值在于,它可以让学者自己远离这种表征,了解是什么使这种表征成为一个有说服力的版本,并据此进行解构,然后在必要时,基于文本本身提供的间隙、默化、矛盾和歧义之处,重构一个更丰富、更能动,也可能是更为正面的版本。

因此,反身法允许分析者超越后马克思主义的批判理论(参阅 Cooper, 1989),后者对消灭霸权性别关系持消极看法。反身法既结合后结构主义对文本的"解构"阅读,以揭示更深层次的话语结构,也结合补充性的"重构"方法,以引发替代的、不同的阅读和见解。我将在下文对这些概念做进一步的探讨。

从女权后结构主义的视角出发,我提出,即使有主流信息的认可,并例证了学者的女权主义原则和实践,任何文本也都有而且应该有多种阅读方式。解构阅读的前提是,所有文本都是开放的,可供替代性、抵抗性阅读,如此可以为分析者提供有趣的和富有挑战性的见解。因此,反身法用一种更为积极、客观、干预的方式,分析报纸对女性领导人的建构(无论其女权主义取向如何),从而建立、发展并补充女权主义议程谱(FAS)视角。从实用的角度来看,反女权主义、性别中立和亲女权主义文章为我们区分不同类型的文本提供了便捷的方法。

因此,对于反女权主义文本,我分析的目的是解构文本,并揭示其所支配的"现实"版本(通常是女性不适合担任领导人)得以实现的多重方式。在我看来,这种解构分析可以揭示报纸文本如何将其主题呈现为一种常识、自然化的世界观,而不是现实的众多版本之一。作为一名女权主义话语分析者,我的追求更符合解构仇视女性或反女权主义文本的行为,但从反身性的角度来说,我需要了解我个人掀开这些文本面纱的强烈动机。然而,如果我希望超越简单的批判,我就需要以一种替代性的、建设性的、更有洞察力的阅读方式,去破坏并取代文本提供的主导性阅读。我也需要从文本的间隙、歧义、隐藏的细节和沉默中,建构新鲜的、更赋权的阅读方式来重构文本。我在下文解释我如何解构然后重构报纸文章,以释放更多有关女性领导的见解。

对于性别中立文本,我提出的分析策略是对其表层的性别中立进行测试。作为一名女权主义话语分析者,我发现自己可能更倾向于那些不会公然诉诸性别的性别中立文本。同时,与明显仇视女性的文本相比,这类文本对女性的那种明显非歧视性表征常常令人耳目一新。然而,性别中立文本往往隐含着性别化观念和假设,我们可以从语言、文本和话语层面对其进行分析(Larris & Maggio, 2012)。虽然很多关于女性领导人的报纸文本并没有明确的性别化表征,但我认为,这类文本中的某个单词或语法结构泄露了其性别化态度(参阅第三章)。性别中立文本往往会设法消除、隐藏其根深蒂固的性别化假设,我会在下文解释如何运用反身法来解构其操作方式。性别中立文本也可以隐藏关键的背景因素,如进入高层管理岗位的女性所面临的障碍。如果文本成功坚持了性别中立(这本身就是一种逆向的文本行为,因为性别化假设通常是一种默认的立场),那么反身法也可以用来凸显文本中的性别中立策略,并评估其效果/效力。

最后,对于亲女权主义文本,我提出的分析策略是,鼓励读者解构并重构文本提供的支配性阅读。作为一名女权主义话语分析者,我很清楚,相较于反女权主义文本,我更倾向于首选、支持亲女权主义文本中的主导信息,因此可能会忽略后者压制其他声音和立场的方式。然而,与反女权主义文本一样,亲女权主义文本也完全有可能压制表征女性领导人经历的多元性、复杂性和模糊性。在宣扬自己的坚定立场时,这类文本可能会抑制潜在的对话和争论,即什么才算是对女性领导人有见地的建构,或者说,什么才算是女权主义立场。逆向阅读亲女权主义报纸文章的价值在于,这一过程可以破坏文本,以催生多面的、更赋权的女性身份版本,而不是(通常相当标准的)自由女权主义视角提供的版本。因此,我在本章中提出反身性阅读策略,以分析基于现代女权主义,甚或后结构女权主义视角而撰写的专题文章。我认为,这种新的反身分析法可以帮助女权主义学者从简单地解构专题文章,发展到对文本进行重构性的、正能量的阅读,从而恢复我们阅读女性领导人这一新闻对象的细微性、复杂性、多维性和主观能动性。

理论背景

反身法建立在基于女权后结构主义的分析原则之上(如 Baxter, 2003; Walkerdine, 2002; Weedon, 1997)。在本节中,我简单解释后结构主义和女权主义对阅读和分析文本产生的独立和综合的影响。

✤ 反身法之于后结构主义者

在后结构主义的世界观中(如 Barthes, 1970; Derrida, 1967; Foucault,

1972),文本作者被"去中心化"了,作者的行文意义次于读者感知的意义。作者的身份是一个稳定的"自我","意图"单一、可辨别,也被视为一种虚构的概念。后结构主义并不接受文本具有单一目的、意义或存在的观点。与之相反的是,每个读者都会在文本构型提供的范围之内创造出一个新的目的、意义和存在。根据索绪尔(Saussure, 1974)影响深远的理论,意义是个体从能指中建构出来的。这解释了所指在能指下"滑动"之说,也解释了"能指至上"理论。后结构主义的"结构主义"表明,文本本身确实发挥一定的作用;即使读者选择去挑战、抵制或推翻支配性的文本结构,这种以类属、公式化方式架构的文本也会邀请指定的解读。后结构主义的"后"则说明读者在解读文本中的作用。根据伊格尔顿(Eagleton, 1983)的说法,阅读受控于文本本身的构型,但同时也与很多其他因素相互作用,如读者自身的阅读体验、身份的复杂性(性别、阶层、种族等)、进行阅读的文化和地方背景。报纸文本的阅读涉及复杂的协商行为,读者据此衡量其准备接受、拒绝还是重新解释文本的构型、间隙或歧义之处。这些因素将同时对可能的阅读范围产生有限制但丰富的影响。

在更实际的层面上,后结构主义文本阅读或分析的特点是什么?虽然理论上可以对任何文本进行多次阅读,但很多文本的构型方式要求读者进行其所主导的、往往是性别化的阅读(Baxter, 2003;Weedon, 1997)。虽然读者受文本结构的引导,对报纸文章的对象采取特定的立场,但读者还是有一定程度的主观能动性。读者可以选择去抵制文本提供的主导性阅读,并找到构建替代性阅读或对抗性阅读的方法。然而,这一层次的能动性和选择权通常受到限制;文本构型决定读者很难做到这一点。如果没有具体的阅读策略,我们大多数人都不会选择这么去做。后结构主义的解构主义方法为话语分析者提供了一些策略,以抵制文本主导的阅读,并发现替代性或对立性的阅读。分析者的任务是首先对文本进行特定的/被认可的阅读,然后解构,也许重构。解构主义阅读有助于透过明显的、有意识的、可辨别的或最具诱惑性的表层文本,揭示其深层文本,即所有普通阅读可能忽略或无法识别的方面。德里达(Derrida, 1967:158, 163)认为,解构主义阅读:

必须始终针对作者[或读者]没有察觉到的某种关系,这种关系介于他[原文如此]对所用语言模式的把控和失控之间……[它]设法看到那些看不到的关系。

因此解构主义采取一种对抗性的阅读,即以揭示文本内部矛盾或不一致之处为目的的阅读,从而呈现文本表层统一背后的分裂。这种分裂是语言、文本和读者自身内部运作的产物。

那么,分裂原则如何服务于读者分析文本的方式呢?首先,读者可以研究并凸显词汇的表层特征,如词汇、死隐喻或濒死隐喻的原始意义。读者也可以研究在词汇选择上出现的明显对立和矛盾之处,以让其对整体意义发挥作用,甚或扰乱整体意义。读者应力求其呈现于文本的词汇和语法建构中,存在着相互竞争,有时甚至是相互矛盾的意义。其次,读者专注于一篇简短的文本(如一篇新闻文章),并对其进行深入分析,以致无法维持"单一意义的"阅读,正如牛顿(Newton, 2006: 1)所言,"语言裂变成'多重意义'"。最后,读者寻找文本中的各种转换和中断之处,并将其视为文本默默压制、掩盖或忽略的内容,以使这些内容浮出水面,分析它们的"在场"如何影响作品的整体意义。这些基本规则指导着我所提议的方法,即如何反身性阅读任何特写女性领导人的报纸文章。

✲反身法之于女权后结构主义者

本书所用的反身法是从女权后结构主义话语分析(FPDA)发展而来的,FPDA最初用来分析实时的口语交流(Baxter, 2003)。正如第一章所述,FPDA植根于"第三波"或女权后结构主义,后者与"第二波"或现代女权主义的解放议程并不相同。与后结构主义原则相一致,第三波女权主义并没有将女性泛化为一个独特的社会范畴,也没有二分化性别(除非有策略上的必要)或对男权制和女性的从属地位做出"宏观"假设。相反,FPDA着眼于发现女权主义对具体问题的关注点,或提出在特定社区实践的研究中可能出现的性别问题。这儿,女权主义的关注点指的是"一种关注的形式,以及聚焦具体问题的镜头"(Fox-Keller, 1985: 6)。这种关注点通常是局部的、短期的、相当务实的,且得益于研究中产生的多视角见解。在"女性"一词已然具有政治显著性的情况下,使用该术语往往出于某种策略性目的。本书把报纸对英国女性领导人的建构作为女权主义研究的关注点,依据是(女性)领导人的确因为性别而一直饱受轻视(Holmes, 2007)。FPDA的目标是,对那些被界定为女性的个体,当她们的声音被忽视、压制或诽谤时,给予她们发声的机会。

然而,该视角需要抵制住诱惑,即将女性定型为圣人、榜样或受害者,而将男性定型为魔鬼或恶棍。相反,该视角应倾向于凸显构成人们身份的各种交叉性因素,以及文本表征所处的具体背景。

虽然反身法借鉴 FPDA 的哲学原则,但我开发了一种离散的方法学,以分析性别化建构领导人的报纸文本。我下面对此进行解释。

反身法的运用

对报纸文本的反身法分析包括三个阶段。第一阶段是顺向分析文本;第二阶段是逆向解构文本;第三阶段是分析者基于证据,重构替代的、更加多样化的阅读。本章的重点主要在第二个解构阶段和第三个重构阶段。

❋第一阶段:顺向阅读

对于任何文本,分析者首先考察那些邀请读者对报纸文章建构领导人的方式进行明显的、常识性阅读的文本策略。因此,如果读者要总结文章的关键信息,他们就可以轻易识别出记者对新闻对象的主导性态度以及对领导人性格、行动、行为、观点和效力等方面所营造出的印象,并在此基础上形成自己的判断。为了进行顺向阅读,该阶段需要提出的问题是:

• 文章要求你对领导人产生什么印象? 如冷淡/温暖;讨喜/不讨喜;诚实/不诚实;务实/抽象;能干/无能;等等。

• 哪些文本和符号策略明显让你产生这些印象?

• 哪些常见的叙事、知识领域或主题理解看起来决定了文章的意义? 如骄者必败;爱情和战争可以不择手段;生意是场游戏;女人提防女人;等等。

第一阶段的分析不必详尽无遗,但应提供一些外延证据,以证明文本、排版和照片图像定位读者以特定的方式去看待新闻对象,无论是负面、中立、还是正面(Bignell,2002)。第二章中三家英国报纸对英国首相特蕾莎·梅的话语和符号建构,示范了这种顺向阅读。根据我的分析,对这三篇文章的常识性阅读是,梅氏兼具典型的男性气概和女性气质,作为新首相的她因而成为一股令人不安和不可预测的力量。三篇文章都凸显了她的"无情"特质,对其的表征也都是基于铁娘子或战斧成见。总的来说,读者被要求去惧怕、怀疑梅氏。

❋第二、三阶段:逆向阅读

这两个阶段密切相关,因为均涉及扰乱报纸文本,以生成新的、意想不到的意义。第二个阶段是解构,或者说"逆向"阅读,即寻找文本中的间隙、歧义和矛盾之处,并借此反驳读者组合而成的统一、连贯、合乎逻辑的表层意义。我曾说过,报纸文本不会以单一、一致的方式建构其对象,而是游走于各种正面、中性和负面的意义之间。我认为,即使是那些看起来最为妖魔化女性领导人的文本,也会为分析者提供批评主导性阅读的空间,尽管这需要付出努力,进行抵抗,有时还需要进一步的研究。第三个阶段是重构阶段,即汇集替代性、抵抗性、竞争性或对立性的阅读,以不同的视角再现女性领导人。从女权主义的视角来看,相较于第一阶段的常识意义阅读,重构阅读可能会产生更为赋能、复杂、变化和正面的结果。

我在下文提议,如何将反身法应用于四个递增的话语分析层面:微观语言、文本或"句上"、表征、话语。我分别解释这四个层面,准确来说,解释在分析各类女权主义报纸文章时,解构主义和重构策略在每个层面上的运用。表 4.1 汇总了该方法的架构:

表 4.1　报纸文本的反身分析法汇总:解构和重构文本

文本类型:分析层面	仇视女性和/或反女权主义	性别中立	友好于女性和/或亲女权主义
微观语言	如,赋予"专横"类词汇正面的意义	如,考察用于描述女性领导人的词汇能否同等适用于男性领导人	如,凸显名字和类别以表明领导人的复杂性
文本/句上			
表征			
话语			

下文描述的所有策略都适用于第五章中一系列有关女性领导人的报纸文章。

✤ 微观语言层面

进行逆向阅读,分析者首先需要在文本中寻找具有模糊、双重、多重或矛盾意义的词汇。如果进一步考评那些评价性、含沙射影性或贬损性词汇的意义,你就会发现,看似清晰"明了"的意义实际上充满了复杂性。这暗示着,被抑制的双重或多重词汇面使作品的意义更为复杂,而这种被抑制的词汇面通常只有批评性读者才能留意到。

对于反女权主义文章,你可能经常看到一些影射能干女性的词汇,如"专横""吓人"和"咄咄逼人",并力求重新对其进行评价。记者埃莉诺·米尔斯(Eleanor Mills, 2014)在《星期日泰晤士报》上写道:"女性应该自豪于自己的咄咄逼人。"此类形容能干女性的词汇应该被赋予正面而不是负面的含义。这让我回想起语言和性别领域对语言性别歧视的早期研究,在这些研究中,上述这种具有性别歧视色彩的单词和短语,被重新适切化,并被赋予更为正面、更友好于女性的含义(如 Kristeva, 1984; S. Mills, 2008; Pauwels, 1998)。或者,分析者可能会追溯词汇的历史渊源或词源,考察它们的发展历程。试举一例,"女孩"一词显然无伤大雅,但常常被用来贬损女性领导人。舒尔茨(Schulz, 1990)就曾表明,该词具有复杂的意义发展史:从原始意义的"任何性别的孩子"发展到后来的"妓女"。我在《每日邮报》的一篇新闻报道中发现了使用该词的案例(Clark et al., 2016)。该报道将英国约翰·刘易斯百货公司新任首席执行官保拉·尼克尔斯(Paula Nickolds)描述成"曾在杂货店卖纽扣的女孩""彻头彻尾的约翰·刘易斯女孩"。即使该词在某种程度上指称她 22 岁的年少时光,但这种指称也可能会幼稚化尼克尔斯,而这又可能破坏她作为一个严肃高层领导人的形象。然而,麦康奈尔-吉内特(McConnell-Ginet, 2016, online)在《赫芬顿邮报》中辩称,尽管"女孩"一词的含义极富争议性,但该词最近有复苏的迹象。麦康奈尔-吉内特引用各类书籍和电视节目对该词的使用特点,并据此指出,"在我们重塑'女人'一词沉闷、压抑的内涵之前,'女孩'一词得以解放,'表示精神状态的女孩气一词'值得鼓励"。在重构阶段,分析者可能会凸显该词的争议性用法,并强调它在当代背景中对读者更为积极的意义。如果行不通,另一种方法是,在文本中寻找以更肯定的方式来描述新闻对象的词汇。例如,在《每日邮报》的同一篇文章中,尼克尔斯被描述为"现代主义者,精力充沛的女性,过去十年来,一直致力于改变商店的形象"。这种描述仍然将她的性别标注为特殊的"他者",但她的成就得到了认可。

对于性别中立文章,你可以观察用来命名和描述女性领导人的词汇,并思考它们是否真正对领导人的性别不偏不倚。你可能期望看到一些词汇的使用并不指称性别,而是指称人的职业和职位,如"领导人""首席执行官""负责人""老板",那么你可以观察用来描述新闻对象外表、举止、言语和行动的词语,以确认这些词汇是否真的与性别无关,如"高""安静""体贴""精力充沛""果断"。然而,"时髦""看着年轻"或"端庄"之类的词汇是否会同等适用于男性和女性?值得注意的是,对女性相貌、外表和吸引力的评价是否多于男性?实际情况是,某些词汇可能同等适用于男性和女性领导人,但其性别内涵却大为不同。例如,在《星期日泰晤士报》商业增刊中,一篇报道英国清洁公司女性首席执行官米蒂的专题文章(Collingridge, 2016)告诉我们,"鲁比·麦克格雷戈·史密斯因其对抗性风格而被称为'多刺的同事'"。很明显,将形容词"对抗性"与这个贬义绰号并置不是为了赞美。可以说,"对抗性"一词用于男性时是被认可的,而用于女性时则是"该死的"。如果你记录一篇明显不分性别的文章中所有用来描述女性领导人的词汇,你很可能会(像我一样;参阅第五章)发现,一些性别化术语并不隶属性别中立网络,而这类术语在初读时往往会被忽略。在重构阶段,分析者可能会问:我们是否应该像埃莉诺·米尔斯(Eleanor Mills, 2014)所建议的那样,重新调适用来形容强大女性领导人的词汇,如赋予"对抗性"更为正面的内涵?我们是否应该找到或创造新的、对女性更为友好的词汇来填补这些词汇空白?在该文的其他地方,是否有我们可以在替代性阅读中加以强调的、更为正面的词汇?

最后,对于亲女权主义文章,反身法着眼于用来命名和描述女性领导人的词汇的开放性和多样性。你可以考虑:这些命名词汇是否反映了司空见惯的女权主义成见?如男性压迫的受害者。或者,这些词汇是否表征了领导人身份的多面性和交叠性,这样她就不会显得刻板,或被动禁锢于性别?《卫报》的那篇特写塔玛拉·梅隆的文章,选用了一些贬义词汇来形容这位领导人:"名媛""秀场小马""无团队意识的人""好斗"。顺向阅读时,分析者可能会简单地接受她用来呈现自我的词汇,即作为男性压迫的受害者,并把该文作为标准的女权主义叙事来阅读。然而,通过逆向阅读,我们可以重新改变这些用来批评她的词汇,赋予其更为正面的内涵,以批判这种受害者表征。通过"名媛",我们可以暗示梅隆具有女神般的品质,如指挥和吸引同事的能力。"秀场小马"一词不仅可以暗示她的外表魅力,还可以暗示她赢得朋友和影响公司的外部人员的能力。"好斗"一词跟"对抗性"一样,常被用来形容那些自我代言的坚强女性。通过观察单个词汇的各种排列方式,我们可以汇集对梅隆性格更为正面的解读,从而说明她的身份远不是一个受害者就可以定义的。梅隆可能是受害者,但也有迹象充分说明,她是一个有能力应对困难和异议的领导人。微观语言分析有助于读者接受文本中的矛盾之处,瓦解正统的女权主义叙事,衍生对这一新闻对象更为丰满的解读,从而引发对女性领导人更为广泛的辩论。

文本层面

在本节中,我探讨如何将反身法应用于女权主义议程谱中各类文章的文本层面。逆向阅读侧重于文本中由单词、短语或更大语言单位传达的主题模式。这需要观察整个作品中常见的二元对立关系,如正面/负面、男性/女性、白天/夜晚、光明/黑暗、善/恶、自然/社会,这些对立体中的一元似乎凌驾于另一元之上,或比另一元更受重视。如果在解构阅读中翻转对立体中的特权元和从属元,你就会有新的发现。你也可以仔细观察这种层级体系,进而表明该体系并未贯穿整个作品,又或者,对立体中的二元建构根本不是对立,而是相互关联、相互依存。

对于反女权主义文章,分析者的任务是从三个方面观察二元对立的使用。第一是审查文本如何将其中的一个(组)词汇凌驾于另一个(组)之上,以致读者对新闻对象形成定义性且可能是诅咒性的判断。这种策略,即质疑架构文本信息的二元对立,与那些嘲笑和诋毁女性领导人的专题文章尤为相关。在这种情况下,你可以考虑,如果尝试翻转对立体中的二元建构,并(重新)安置其从属元,你会对领导人了解到什么。例如,《每日邮报》在线版中一篇题为《凯撒·默克尔》的文章称(Sandbrook, 2013),现任德国总理安格拉·默克尔是一个令人讨厌的公众人物。文本中存在诸多关于爱/恨的二元对立。其中一个是,桑德布鲁克把对默克尔的"希特勒和德皇威廉"建构,凌驾于其摒弃的"欧洲无冕女王"之上。如果你试着翻转这些词汇,并优先使用后一个,你就可以从更为正面的角度,重新评价文章中的各种信息。

考察二元对立体的第二种方法是,在文本中搜索对立体中的不一致、矛盾或相互依存之处,如表示爱/恨的词汇。例如,在上述《凯撒·默克尔》一文中,文本支配性地定位读者对德国总理的解读:公众讨厌的人物。然而,如果对该文进行深入考察,你就会发现,对立体中存在明显的不一致或矛盾之处:"在她的祖国德国,默克尔非常受欢迎",而远不是该文试图证明的公众讨厌的人物。从文本的这种不统一中,分析者可以抽取出一个正面得多的解读:欧洲人对默克尔的感觉最不济也是爱恨交织,但在她自己的国家,她受到爱戴。这种重构性阅读最终是为了挑战并贬低新闻媒体文本中二元对立的使用,因为它们倾向于抹杀人类身份和经验的微妙性、复杂性。

最后,考察二元对立体的第三种方法是,询问其中的二元词汇是否可以同时为"真"。上面关于默克尔的文章要求读者质疑他们所谓的观点,即德国总理可能看起来是一个简单的"德国郊区家庭主妇",而实际上却是一个"异常狡猾的政治策划者"。抛开这两个短语负面含义的同时,反身法会要求分析者考虑这两个描述可能都是现实的恰当版本。在寻求重构该新闻对象的正面版本时,分析者可能会把默克尔作为世界领袖的成功归因于她的能力,即作为普通人对德国大众的吸引力,以及作为政治家和政治思想家的老道(对某些人来说太过老道)。

性别中立文章中的二元对立可能远不明显,或至少不那么明显地性别化。当我考察《星期日泰晤士报》的那篇文章(第三章)对塔玛拉·梅隆的话语建构时,我注意到,在建构梅隆无能的外表之下,还有一个相互关联、二元对立的网络,暗示着更多的性别化解读。除了无能/能干之外,其他的二元对立还包括:名流/商业头脑、轻浮/严肃、失败/成功、反复无常/井然有序、疯狂/理智。在每一个对立体中,第一个词汇因代表着评判梅隆、发现不足的价值体系,而被凌驾于第二个之上。分析者的任务是,同时关注特权词汇和从属词汇,并考虑它们是否一起构成了对领导人的性别化建构,以及这些二元对立在应用于男性领导人时,是否具有同等的意义。如果性别翻转后,意义不复存在,那这种"性别中立"的建构很有可能比最初看起来更具性别化。现阶段,答案可能还不明朗。只有在完成了所有四个层面的分析之后，才能回答这个问题。在第五章中，我将通过一篇"性别中立"的案例，即特写英国商界领袖萨夏·罗曼诺维奇的文章，展示如何才能让从属词汇推翻特权词汇，并走向复活。

最后是亲女权主义文章，此类采用自由女权主义视角的文章在阐述其论点时，也完全有可能像性别中立或反女权主义文本一样，采用二元结构。如果文本代表"第二波"女权运动的论点，那它们可能反映二分建构，如女人/男人、受害者/恶棍、赋权/从属、女权主义/男权制，其中，第一个词汇被凌驾于第二个之上。在这种情况下，分析者完全有理由询问，为什么女权主义分析者想要推翻二元对立，以便让遭受谴责的词汇得到更多的认可？在我看来，这样做的价值在于，分析者可以从中获益：了解女权主义论点背后的二元论，并质疑对新闻对象的建构是否足够复杂、微妙，是否考虑到生活中的矛盾。例如，如果我们要解构《卫报》关于梅隆的文章（第三章）中的现代女权主义二元论，这位领导人要求我们（在对她的直接引用中）根据她本人的词汇，把她视为一个被默化、受压迫、少数派的声音。逆向阅读就有助于凸显文章的其他部分，借此揭示梅隆作为一名有着巨大影响力和巨额财富的年轻盎格鲁-撒克逊白人女性所享有的诸多特权。这儿，什么才算是"被压迫"有待讨论。逆向阅读也有助于我们在每一个对立体中确定其首选词汇（如女性/男性、女权主义/反女权主义、受害者/加害者、圣人/恶棍、榜样/门徒）。在此基础上，分析者完全可以询问，这种亲女权主义文本是否仅仅是一个镜像，存储着女权主义极为反感的男权文本。在纯粹实用主义的基础上，以我就反女权主义文章概述的相同方法，去解构亲女权主义文章中的二元对立是行得通的。

作为自由女权主义文章的一种替代，以女权后结构主义精神撰写的报纸文本试图在永恒的移动、张力或游戏中保持二元对立，显示出二元词汇的相互依存关系，以及翻转更具支配性词汇的可能性。这类文本往往明确表征不同的声音（领导人、记者、支持者、同事、竞争对手、批评者、不同性别和种族的人），他们在更广泛的文化背景下，评价有关女性和领导的问题。第五章重点分析在一定程度上实现了这一目标的文本案例。

表征层面

我在本节中讨论如何将表征层面的反身法应用于整个议程谱中的文章。本节中的"表征"一词专指"根据某给定的成见类型进行刻画"，如第二章中讨论的五种女性领导人成见类型。

如果顺向阅读报纸文本,你会被动地将对新闻对象的特定表征视为首选的"现实版本"。而在逆向阅读中,当新闻对象的建构不再统一、一致、可预测时,即不能根据某个熟悉的成见类型轻松刻画该对象,你可能会在文本中寻找要点。目的是从文本中寻找新闻对象被多重建构,或可以从不同视角去看待的线索。你可以在文本中寻找替代性或有竞争性的表征,这类表征所使用的成见类型既是可指定的,也富有争议性。如果你将坎特(Kanter, 1993)的概念框架应用于新闻文章对女性领导人的建构(参阅第二章),新闻对象往往会超越借以表征她们的、大众熟知的领导人成见类型的界限(Baxter, 2017)。在单个叙事中,领导人的建构可能会结合或合并两个或多个成见类型,这意味着文本无法"归档"它们的报道对象,因为这些对象不能被恰当地包含在单一成见类型的范围内。

从反身性视角来看,新闻文章应该"毫无保留地"表征女性领导人,包括她们的复杂性、模糊性、丰富性和不可靠性。然而,新闻文章避免的往往正是这种对个体的流动性和广泛性表征,因为这种表征不会严格界定和评价新闻对象,而是希望给予读者充分的自由去形成自己的价值判断。逆向阅读文章的表征层面时,分析者有多种方式来还原新闻对象特征的微妙、平衡和细微差别之处,并将更大的能动性交给读者,以形成他们自己的观点。

对于反女权主义文章,分析者在分析女性领导人的支配性表征时,可以运用的一个策略是性别可逆性原则,即询问同样的负面表征能否被用来表征对等的男性领导人。事实上,我想不出任何表征可以直接等同于铁娘子、母亲、宠物、狐狸精或蜂后等成见类型,因为每一种类型都有其特定的性别化和性征化。女性领导人成见的存在是基于"他者性",以及作为男性规范之外的地位,因此,它重点关注与领导人的女性性别相关的一切,以形成排异性观点。《星期日泰晤士报》中英国首相特蕾莎·梅的漫画(Shipman, 2016)就是一个典型的案例。该随文漫画把梅氏刻画成一个嗜血的铁娘子/狐狸精,并强化了其最具性征化的一面:猫跟鞋、长腿、豹纹裙,甚至和已故玛格丽特·撒切尔在外表上的相似之处。

因此,对某些文章,分析者很难逾越文本对领导人的主导性表征,即五种流行成见类型中的一种或几种。因此,分析者的第二个策略是细读文本,找出那些描述性线索,以说明是否有其他对领导人的边缘化表征在与主导性成见类型竞争，甚至对其发起挑战。如果识别出这些线索，分析者就有机会提取出领导人更为积极的方面，并在阅读中给予其更为突出的地位。在《星期日泰晤士报》关于特蕾莎·梅的专题文章中，分析者必须努力超越对该首相的残酷负面表征，即兼具狐狸精和蜂后色彩的铁娘子形象。但至少，梅氏并未被禁锢于单个成见类型，这说明，文本不能通过使用单个漫画来对她进行充分刻画。事实上，深入考察会发现，文章中也有表明梅氏积极面的竞争性痕迹。直接引语的使用表明了她对前员工的鼓励和同情；文章也报道了她决定任命更多女性担任内阁职位，该决定表明她对其他女性谋求高级职位的支持。尽管她被妖魔化了，但在文章的结尾处，她还是被评为"担任首相职位的最佳人选"。该案例说明，报纸中漫画负载的主导性成见可能并没有完全表征领导人。在文本的漏洞和怪异的承认中，我们可以发现一个更为复杂、更不可预测、更深不可测的领导人，而不是文章主导的那种类型。总而言之，分析者的工作就是突出文本中这些微小的矛盾之处，从而淡化文本的主导性表征，并在重构性阅读中给予其更高的地位。

对于性别中立文章，坎特（Kanter，1993）的领导人成见框架不太适合用来解读其对领导人的表征方式。对此类专题文章，我们合理的预期是，其对领导人的表征会更具实证性、更细致入微，主要关注她们的职业形象，且将一系列积极面和消极面纳入考虑范围之内。总之，性别不应成为此类文章中领导人的区别性特征。此外，如果读者习惯于阅读商业报刊文章，他们就不太可能把此类文章对新闻对象的成见式表征视为现实的精确版本。但我在第一、三、四章中指出，性别中立文章并不总是像它看起来的那样，这类文章可以通过两种方式欺骗读者。首先，该视角可以做出隐秘的性别化假设，而这些假设在初读时并不明显，这就会微妙地损害根据职业成就进行评估的领导人形象。其次，反过来说，它可能会消除那些持续造成偏见和歧视的问题，不给领导人的成就和弱点提供文化和专业背景。如此，性别中立可以成为一个隐秘的工具，用来维持和再生性别化话语，传播"只有超级异常的女性才适合担任领导人"的观点。

如果分析者希望解构一篇文章，以寻找其性别中立的凭证，那么可以运用不同的策略。第一，分析者可以观察建构新闻对象的成见度或开放度。文本是否倾向于将领导人定位在一个特定的、可能具有性别化色彩的主体位置（如上文中"多刺的同事"）？或更确切地说，是否用不同的方式来看待、描述她的领导力？第二，分析者可以运用可逆性原则,观察相同的评论能否同等适用于男人。在这一点上,分析者可以考虑公/私之别,即新闻界通常更关注女性的,而不是男性的私人生活(Cameron,2006)。相较于对等的男性领导人,女性领导人的家庭背景、成长过程、人际关系、家庭生活和生活方式受关注的情况如何?这些问题有助于测试文本在多大程度上对领导人的专业能力进行了成功的性别中立评估。在重构阶段,分析者可能会找出并强调对领导人进行描述的广度、对比度和多样性指标,重点关注其职业表现而不是私人生活。同样,在分析如何建构男性领导人时,如果文本对其职业表现的关注度远超私人生活,那分析者可以强调其私人生活指标。

最后谈谈亲女权主义文章。这一层面的反身法着眼于评估其对新闻对象的建构是以限制性、成见化的方式,还是表明新闻对象由在某种程度上深不可测的多个自我或多重身份构成。对女性领导人的自由女权主义表征无疑会反对简化式成见的使用,但可以转而代之以体现女权主义原则的角色和立场。这么做的危险性在于,分析者可能只是在用一种压迫替代另一种压迫,因为它将不同性别的人简化为过于简单化的类别和关系,如恶棍、受害者、她(女英雄)、榜样。对亲女权主义文本进行反身性阅读,你可以采用如下策略。第一,观察文章是否以二元方式表征女性,如具有女性特有属性的人。你也可以观察,是否把人二分为压迫者和被压迫者。第二,质疑文章是否试图问题化人们的身份,如此,女性领导人就不是主要由性别来界定,而是被视为由年龄、种族、性、阶层和教育等多个交叉因素构成。第三,观察文章中有关女权主义问题的个体化程度。例如,将领导人表征为体现"冒名顶替综合征"(即感觉她没有资格担任领导职务)之类的问题,而她的经历实际上是更广泛的文化和职业实践的结果,这种实践需要背景因素的解释。观察文章是否考察了这些问题。第四,分析特写的女性领导人是否被赋予发言权,以便她能用自己的语言表达职业问题或收益。最后,质疑相关背景中的其他参与者(同事、朋友、评论员、评论家和记者)是否也被赋予发言权,以便于他们表达对领导人和女性担任领导问题的多种看法。

话语层面

在最后一节中,我讨论如何将话语层面的反身法应用到整个女权主义议程谱的文章中。上述在微观语言、文本和表征层面上进行的分析,提供了大量识别文本中话语的证据。这些分析同样提供证据来说明话语在文本中的地位:主导性、边缘化、竞争性、互文性，或直接缺失。作为分析者，一旦确定了话语对文本的意识形态地位，你就可以使用各种策略来逆向阅读主导性话语，从而为其他替代性声音和新鲜的见解提供空间。

首先谈谈反女权主义文章。第一步是鉴别其中的主流话语。以《每日邮报》关于塔玛拉·梅隆的文章和我的分析为例，我鉴别出三种主导性话语："女人提防女人""骄者必败""生意是场游戏"。由于这些话语通常支持对梅隆作为领导人行事方式的负面解读，我因此提出两个相辅相成的策略来进行逆向阅读，以便对该领导人的话语建构有更细致的了解。

第一个策略是观察全文中领导人如何游走于能干和无能两个主体位置之间。话语定位有助于我们看到，没有一个新闻对象在全文中只有能干，或只有无能的一面：她们不会总是被"固定"于恶棍、英雄、榜样、受害者或领导人成见类型的位置。通过追溯梅隆在三种话语中切换的主体位置，我认为她最初被定位于一个能干的位置（被誉为成功的设计师、女商人和名媛）。在文章的中间部分，随着对其商业破产的叙述，她被切换到一个无能的主体位置。在文章的结尾处，她不断游走于能干和无能的主体位置之间：文本转述了朋友和同事的支持和批评。这种对话语定位切换的追踪，有助于读者/分析者解构梅隆介于成功女商人和失败女商人之间的主体位置范围。该策略也能让读者欣赏商业领导人职位的流动性和矛盾性、她们的行事方式和他人感知方式的多样性、她们所经历的成功之处和失败之处，以及高绩效女性面临的持续挑战。

第二个策略是观察是否有替代的、不太明显的话语潜伏在文本边缘，且受制于主导性话语。问题是，话语越是边缘化或不明显，就越不可能通过分析加以识别。观察一下，你能否找到任何微观语言、文本或表征证据来表明替代性话语的痕迹。如果不能，你可以考虑，这种支配性话语的对立面是什么，主流话语可能在力求压制、默化或替代什么话语。试想一下，如果凸显并恢复对立或被默化的话语，而这种话语对领导人的定位可能更为有力，文章将如何阅读？这无疑是更具创造性的"大局观"方法。我以《每日邮报》特写梅隆的那篇文章来说明这一点。"女人提防女人"话语可以唤起其对立面，即"女人支持女人"话语。文章中有没有这种对立话语的痕迹？如果用这种替代性话语去定位梅隆，同样的新闻故事将如何重构、重组和重估？如果记者采用这种更具支持性的话语框架，梅隆的行事又会如何？梅隆的故事可能会被重铸为一个案例,以研究对身在商界"熊窝"中的女性来说,问题究竟出在哪儿,而那些商界人士和媒体观察员正虎视眈眈,等待雄心勃勃的女性的一败涂地。文章中有证据支持这种对立话语的定位:梅隆有足够的商业头脑来克服破产问题(如她计划支付无担保债权人),并建立新的企业。使用"女性支持女性"话语,直接转述的梅隆评论(如"我们希望变得比以往任何时候都更强大")可以被重新解读为她的决心和创业才能的证据,而不是"事后合理化"或仅仅是自欺欺人。

现在来谈谈对女性新闻对象采取性别中立立场的文章。对此类文章的通常预期是,分析者鉴别的话语一般不会带有明显的性别化标志。如果文章报道商业领导人的背景,那么鉴别出的主导性话语会从基本模式、关系和实践等几个方面中立化商业世界。例如,在《星期日泰晤士报》关于梅隆的那篇"性别中立"文章中,出现了"骄者必败"话语。这传达了一种标准的西方文化观点,即过于雄心勃勃的人会因抱负而失去一切。这种话语也反映了资本主义经济的霸权利益,即把成败个体化、孤立化为个人的责任。原则上,性别中立话语不会因为某位商人的性别而对其大加褒奖或横加指责。相反,成败往往取决于职业属性,如天赋、能力和决心。然而,报道女性领导人的文章,鉴于她们在英国高层领导人员中占比依然极小,对女性领导人的"无意识偏见"也依然是一个公认的现象。反身法往往会质疑文本的话语构型是否真正基于性别中立立场(Equality Challenge Unit,2017)。

如上所述,第一个策略追踪文本在不同位置对新闻对象的定位是能干还是无能。当领导人被定位成前者时(如领导有方),文本是否将其归因于非性别特征?如她们做出关键决策的能力,或与领导团队合作和管理团队的能力。当领导人被定位成后者时(如缺乏实际的商业技能),是否感觉文本将糟糕的判断力归因于假定的性别特征(如被情绪驱使)?当以这种方式对新闻对象不断变化的话语位置进行反身分析时,文本中的反女性偏见可能就会浮出水面。

第二个策略是评估文章中不同类型话语交织的位置,这可能会使赋权或去权新闻对象的效果倍增。《星期日泰晤士报》关于梅隆的那篇性别中立文章,对她的商人角色做出了性别化假设:"令人担忧"、反复无常。我把这种话语称为"雄心女人都是疯子"。在文章的后半部分,该话语愈加与"骄者必败"这种商业话语互文。最初,梅隆只是像其他任何人一样,被定位成一个经商失败的领导人,这也是我们熟悉的新闻叙事。但是,该文的论点是,梅隆经商失败的原因,不仅在于她作为领导人过于雄心勃勃,而且还在于她精神状态的不稳定(她"雇用了一个精神病医生")。毫无疑问,这种论点混合了两种性别歧视话语:"因为雄心勃勃的女人是疯子,所以会失败。"当然,这并不是文本明示的话语,而是隐藏在"骄者必败"这种失败的商人话语的背后。但是,这些交织在一起的话语却强化并放大了新闻对象因为性别而被去权的定位。

最后谈谈亲女权主义文章。分析此类报纸文章中的话语,我提出三种反身策略。我在上文谈到,亲女权主义视角往往是反女权主义视角的镜像,因为两者都可能对新闻对象采取二元的、两极分化的立场。尽管反女权主义文本倾向于贬低、简化、成见化、嘲笑其报道对象,即女性领导人,但亲女权主义文本不是倾向于哀叹女性领导人作为体制受害者的角色,就是倾向于赞美她作为其他女性的榜样所取得的成就,又或者两种倾向兼而有之。文章中针对共同敌人的反对之声越是单义、一致,可辨话语就可能越具授权性、单一性、自利性。相反,文章中复调和异议越多,话语就可能越具开放性、质疑性、自省性。

在逆向阅读亲女权主义文本时,第一个策略同样是观察领导人在文章中如何游走于能干和无能的主体位置之间。对话语定位的分析有助于此类文章的读者看到,没有新闻对象被一直"固定"在某一特定的主体位置上,例如"姐妹"、榜样、女英雄或受害者。此类文章中或许存在可预见的女权主义立场,但也可能存在一些证据,表明主体立场的歧义性、临时性和难以解释。如"difficult woman"或"conflicted parent"(存在多种解读的表达方式)。这种对主体位置的追踪可以揭示一系列背景中女性领导人身份的复杂性和矛盾性,从而避免将新闻对象简单地归类为受仰慕者或受伤害者。请参阅我在第五章对友好于女权主义文本的分析。

第二个策略是,观察是否有受制于主导性话语的、替代的、不太明显的话语。主导性亲女权主义话语倾向于支持现代女权主义原则,如"男女平等"或"女性的平等机会"。例如,在《卫报》的那篇报道梅隆的亲女权主义文章中,记者和该女性领导人的声音在很大程度上相互交织、互为认同,这似乎构建了一种独白的现代女权主义立场。梅隆被给予大片"不加批判的"空间去畅谈她对女权主义的看法。虽然文章中的主导性话语似乎支持自由女权主义(如"作为女权主义榜样的女性领导人"或"被视为冒名顶替者的女性领导人"),但也存在一个竞争的、不太明显的异类,即我称作"亲吻和倾诉"的话语。在我看来,这种话语本质上是反女权主义的,因为它被新闻媒体用来仿拟一类新闻条目。其中,人们凭借在媒体上透露淫秽八卦而得到丰厚报酬。在特写梅隆的这篇文章中,"亲吻和倾诉"话语似乎将这位领导人置于负面和无能的位置(与女权主义相关)。借此,该文短暂邀请我们形成一种观点,即梅隆在该文中阐述对女权主义的看法,与她在回忆录中炒作个人经历如出一辙。在反身意义上,这种冲突的话语打乱了文本架构,有助于读者思考这位女性作为"女权主义"领导人资质的复杂性和矛盾性,并质疑将真实的女性定位于简化的且通常是理想化的社会类别中的价值。

逆向阅读的第三个策略是,从文本中识别并提取任何对立或默化的话语,以推翻其二元架构,并表征领导人经历的多元性、复杂性和歧义性。在《卫报》关于梅隆的文章中,分析者鉴别出的对立话语,可能正是你在某篇反女权主义文章中发现的话语。梅隆从女权主义的视角抨击男性态度时,她间接援引了"男性领导人最了解"话语("你会被打折、贬低,而且还有一种'我们最了解'的态度")。这儿,首选但未明示的女权主义话语应该是"我们女性最了解"。一旦分析者鉴别出具有二元对立性的两种话语,下面一步就是,观察如何挑战并分散文章的这种二元架构。如果将"我们女性最了解"与"男性领导人最了解"并置,我们就可以观察这两种话语立场之间的联系和依存,以最终消除这种区别。现代主义的合题会是"男人和女人都最了解",如此产生一个新的复合性话语。然而,一个后结构主义命题可能是,如果两者都最了解,那么性别并不是区分人的最显著方式。性别作为经常对人们进行人为划分的范畴,就可以受到挑战。根据这个逻辑,分析者可以质疑二元对立,并考虑使用新的方式去评估相互冲突的主张。

在第五章中,我将反身法应用于分析三篇报纸文本:一篇来自《每日邮报》关于公务员萨莉·戴维斯女爵的反女权主义文章;一篇来自《星期日泰晤士报》关于商界领袖萨夏·罗曼诺维奇的性别中立文章;一篇来自《卫报》关于电台主持人詹妮·默里和简·加维的亲女权主义文章。

参考文献

Barthes, R. (1977) *Image, music, text*. Trans. S. Heath. London: Fontana.

Barthes, R. (1970/1990) *S/Z*. Oxford: Blackwell Publishing.

Baxter, J. (2003). *Positioning gender in discourse: A feminist methodology*. Basingstoke: Palgrave Macmillan.

Baxter, J. (2017). Freeing women political leaders from their gender stereotypes?: Reading UK newspaper texts against the grain. In D. Van De Mieroop & S. Schnurr (Eds.), *Identity struggles: Evidence from Workplaces around the World*. Amsterdam: John Benjamins.

Bignell, J. (2002). *Media semiotics* (2nd ed.). Manchester, UK: Manchester University Press.

Clark, N., Ellicott, C., and Mcddings, S. (2016, October 26) From zips and buttons to boardroom: John Lewis's first female boss… *The Daily Mail*, p. 3.

Collingbridge, J. (2016, September 25) How Mitie has fallen. *The Sunday Times Business*, p. 5.

Cooper, R. (1989). Modernism, postmodernism and organisational analysis 3: The contribution of Jacques Derrida. *Organisation Studies*, 10(4), 479-502.

Derrida, J. (1967). *Of grammatology*. Baltimore: John Hopkins Press.

de Saussure, F. (1974). *A course in general linguistics*. London: Fontana.

Eagleton, T. (1983). *Literary theory: An introduction*. Oxford: Blackwell.

Equality Challenge Unit. (2017). *Unconscious bias*. Retrieved from: http://www.ecu.ac.uk/guidance-resources/employment-and-careers/staff-recruitment/unconscious-bias/. Accessed 1st February 2017.

Foucault, M. (1972). *The archeology of knowledge and the discourse on language*. New York: Pantheon.

Foucault, M. (1980). *Power/Knowledge*. New York: Harvester Press.

Fox-Keller, E. (1985). *Reflections on gender and science*. New Haven: Yale University Press.

Heritage, J. (1984). *Garfinkel and Ethnomethodology*. Cambridge: Cambridge University Press.

Holmes, J. (2007). Social constructionism, postmodernism and feminist sociolinguistics. *Gender and Language*, 1(1), 51–56.

Kanter, R. M. (1993). *Men and women of the corporation* (2nd ed.). New York: Perseus Books.

Kristeva, J. (1984). Woman can never be defined. In E. Marks & I. de. Coutivron (Eds.). *New french Feminisms*. New York: Schocken.

Larris, R., & Maggio, R. (2012). *Name it. Change it: The media guide to gender neutral coverage of women candidates and politicians*. New York: The Women's Media Centre. Retrieved from http://www.womensmediacenter.com/pages/about-us. Accessed 18 Nov 2016.

McConnell-Ginet. (2016). *Hey girl! The history of the word 'girl' is actually crazy*. Retrieved from http://www.huffingtonpost.com/entry/history-of-the-wordgirl_us_57bb6915e4b0b51733a53195. Accessed 21 Apr 2017.

Mills, S. (2008). *Language and sexism*. New York: Cambridge University Press.

Mills, E. (2014, March 16) Bossy boots are made for walkin'—right to the top. *The Sunday Times*, p. 4.

Newton, D. (2006) *Practical criticism: Research and methods*. Retrieved from http://www.westga.edu/~dnewton/engl2300/engl2300s06e2.html. Accessed 11 Nov 2014.

Sandbrook, D. (2013). *Kaiser Merkel*. Retrieved from http://www.dailymail.co.uk/debate/article-2311874/DOMINIC-SANDBROOK-SATURDAYESSAY-mousy-hausfrau-ruthless-cunning-Angela-Merkel-Germany-master-Europeway-Hitler-Kaiser-Wilhelm-dreamt-implications-frightening. html. Accessed 20 Nov 2015.

Shipman, T. (2016). *The steel lady strikes*. Retrieved from http://www.the-times.co.uk/article/the-steel-lady-strikes-fndhsftm2. Accessed 21 Nov 2016.

Schulz, M. R. (1990). The semantic derogation of women. In D. Cameron (Ed.), *The feminist critique of language* (pp. 134 – 147). London: Routledge.

Pauwels, A. (1998). *Women changing language*. London: Longman.

Walkerdine, V. (2002). *Challenging subjectivity: Critical psychology for the new millennium*. Basingstoke: Palgrave.

Weedon, C. (1997). *Feminist practice and poststructuralist theory* (2nd ed.). Oxford: Blackwell.

第五章　反身法的应用

摘要：在本章中，我运用一系列解构和重构策略来分析报纸文本，语料来源于定位读者以三种不同方式（性别化歧视的对象；从性别中立的视角建构的领导人；从"友好于女权主义"的正面视角描述的高层女性）去解读女性领导人的报纸文章。对第一篇文章，我说明读者应如何抵抗其对女性领导人的妖魔化建构，并据此重构文本，以释放更广泛的见解。对第二篇文章，我观察在该类性别中立倾向明显的文章中，是否存在性别化假设的"漏洞"。对第三篇文章，我观察其所提供的女权"后结构主义"版本，并考察该版本在多大程度上提供了一种替代性、更具能动性的方法，以建构新闻媒体中的女性领导人。

关键词：反身法　逆向阅读　解构主义　主观能动性　赋权

前言

在本章中，我将一系列解构和重构策略应用于报纸文本分析，以示范如何将第四章解释和说明的反身法付诸实践。使用反身法分析关于女性领导人报纸文章的价值在于，让学者们自己可以远离这种报纸建构，了解是什么使这种建构成为一个令人信服的女性领导人经历的版本，解构这种版本，然后在必要时，基于文本自身提供的间隙、默化、矛盾和歧义之处，重构一个更为丰富、更为能动，或许更为正面的版本。我选择了三篇报纸文章，这些文章定位读者以不同的方式解读应其报道对象：第一，作为批评、嘲笑或轻视对象的性别化人物；第二，作为从性别中立视角建构的领导人；第三，作为从正面、友好于女权主义视角描述的高层女性。对第一篇文章，我说明读者如何才能抵抗文本让其阅读对女性妖魔化建构的主流方式，以及如何才能重构文本，以释放对女性领导人更为广泛的见解。对第二篇文章，我考察其是否成功地实现了性别中立的立场，或是否存在性别化假设领导人的"漏洞"。

对第三篇文章,我考察其所提供的女权"后结构主义"版本,并探讨该版本在多大程度上提供了替代性、更正面、更能动的方法,以建构女性领导人。我在第三章中提供了选择反女权主义、性别中立和亲女权主义文本进行分析的所有标准。

在接下来的分析中,我尝试运用反身法来阅读本研究所用的三家报纸《每日邮报》《星期日泰晤士报》和《卫报》的文章。我之所以说"尝试",是因为并非所有的文章都支持替代性阅读,尽管文本中存在小间隙、歧义和矛盾之处。我采用第四章中解释的方法,从微观语言、文本、表征和话语等四个层面考察文章。在我看来,只有在看到多层面图景时,我们才能积累足够的分析证据来支持抵抗性或重构性阅读。基于第二、三章的分析,我的预期是,新闻文章越是"反女权主义",就越有可能对新闻对象,即女性领导人,进行简化、性征化和/或妖魔化的建构。这类文本往往让读者很难探索替代性解读,因而使逆向阅读工作富有挑战性。正如我们在第三章所看到的那样,如果文章是性别中立的,那么其中可能提供,也可能没有提供隐秘的性别化信息,供分析者和读者质疑该领导人是否适合她的角色。如果定位到这种性别化信息,那我的分析将着眼于观察如何对这种性别中立立场进行抵抗性或重构性阅读。最后,考察是什么构成了报纸文章中女权后结构主义视角的价值,因此,对下文选择的第三篇文章,我着眼于评估其以正面、多元、离散的方式构建和表征女性领导人的价值。我把三篇加以分析的文章划分为反女权主义、性别中立和亲女权主义,但我同时也认识到选择贴标签这一行为本身就值得商榷。与第二、三章不同的是,下文选来分析的文章并没有关注同一位女性领导人,相反,选择的新闻对象代表本书探讨的三种不同的职业背景:萨莉·戴维斯女爵是代表英国政府利益的高级公务员;萨夏·罗曼诺维奇是均富国际会计师事务所的首席执行官;詹妮·默里和简·加维是英国广播公司第四电台《女性时光》节目的主持人。

解析反女权主义文章

《保姆式管理英国的"专横的靴子"》记者:安德鲁·皮尔斯,《每日邮报》,2016年1月21日。http://www.dailymail.co.uk/femail/article-3409249/Carry-tissues-Wash-hands-Drink-tea-not-winestep-away-Jammie-Dodger-issues-blizzardfinger-wagging-edicts-bossyboots-loves-nanny-Britain. html.

这篇特写英国首席医疗官萨莉·戴维斯女爵的双页文章，将她作为政府首席科学家的公共角色的行为举止与她在私人生活中的行为举止进行了负面比对。此前，《每日邮报》对戴维斯向公众发布如何强身健体的争议性建议进行了系列报道，该文不过是这一系列报道的巅峰之作。根据这些报道，戴维斯行为背后的动机似乎是，英国国家健康服务系统负债累累，因此才委任戴维斯去制定首先要防止人们生病的政府政策。《每日邮报》前期文章的基调均对戴维斯的"干涉主义"做法持批评态度。如果我们首先顺向阅读此文，会发现其中有一系列特点，强烈邀请我们对戴维斯的领导风格进行贬损性、成见化阅读。

✻微观语言层面

对该文的顺向阅读表明，其所选择的词汇邀请我们对新闻对象进行负面建构。首先，标题选择"专横的靴子"这一绰号来指称戴维斯，诉诸的是"说话过于武断"这一女性成见。该绰号和"对她的靴子来说，太大了"一样，显示了对强大女性的倨傲侮慢(参阅 Urban Dictionary, 2017)。此外，"专横"一词并非严肃、专业、权威的表达形式，我们很难找到用以贬损男性的对等术语(参阅"可逆性规则")。在同等情况下，男性往往被描述为"高谈阔论"或更为正面的"领导"或"老板"。全文中另一普遍用来指称戴维斯的命名词是"保姆"。该词在字典中的定义是中性的，意指"雇用到家中照顾孩子的人，通常是妇女"，但本文可能取其更具贬义色彩的隐喻意义，即"干涉和过度保护的人或机构"(Pearsall, 2002: 947)。另外，该词还互文"保姆式国家"。这一短语通常用于指称某些极端政府：将公民视为需要监管、照料的未成年人，而不是可以承担责任的成年人。全文数次把戴维斯嘲讽为"首席保姆""萨莉保姆""保姆戴维斯"。历史上将男性称作保姆始于 20 世纪下半叶。随着在美国和其他地方男性保姆人数的激增，该词出现了一个新的变体——"男保姆"(mannies，具有无男子气概的性别化内涵)。在我们的语境中，"保姆"一词使文本充斥着贬义色彩，暗示戴维斯(失当)挑剔性、主妇式、干涉型的领导风格。

如果现在尝试逆向阅读此文，我们需要对词汇，特别是那些带有歧义或双重联想的词汇，进行更为细致的观察。我们在上文看到，"专横""保姆"等词的重复使用如何奠定文章的基调和属性,以让读者对新闻对象的负面评价做好准备。对抗此类阅读的一个关键策略是,梳理词汇的双重或多重意义,必要时可以查看其词源。就该文而言,这种策略并未引发广泛、多样的意义,这种情况表明,读者既"受困于"字典对该词的主导性定义(即照顾孩子的女性;孩子的祖母),更"受困于"该词的负面含义(干涉或过度保护的人)。在18世纪,"保姆"与"房子"组合,构成俚语"妓院"(nanny house,保姆的房子),因而比现在更具贬义色彩。这往往会让人联想起英语中把女性与卖淫联系在一起的大量俚语(Schulz,1990)。然而,该词的意义在19世纪有所升格,意指贵族家庭中的高级仆人,因为保姆这一角色在抚养土地继承人方面担负相当大的责任。尽管该词具有诸多意义,但想在今天复活该词,以产生更多支持性意义却不是一件容易的事情。时至今日,该词仍然与"低层"女性联系在一起,她们为富有女性提供服务,主要责任是照顾(但永远不可能全权)雇主的子女(Pearsall,2002)。

一些凭借自身实力而声名远扬的杰出女权主义领导人已经着手处理"专横"一词,重构该词的希望因此更大。国际网络公司脸书的现任首席执行官谢丽尔·桑德伯格,代表有志女性发起了一场"禁止专横"的运动(http://banbossy.com/)。她们的网站招募了数百万支持者,鼓励女性对自己说:"我是老板,我不专横。"

> 当小男孩坚持自我时,会被称为"领导",而当小女孩这样做时,就有可能被打上"专横"的标签,紧随其后的是困扰强大女性领导人的"好斗""愤怒""过于野心勃勃"等词。说女孩专横是我们阻止她们担当领导人的手段之一。

相比之下,《星期日泰晤士报》记者、女权主义活动家埃莉诺·米尔斯则辩称,与其禁止"专横"一词,还不如号召女性赋予该词以正面意义。埃莉诺·米尔斯(Mills,2014)在一篇题为《"专横的靴子"专为直奔高层而制》的文章中提议,女性应自豪于自己的专横。在她看来,桑德伯格禁止"专横"的运动错在会误导女孩认为该词是对她们的侮辱。相反,"专横"代表女性应该追求的品质:支配能力、善于表达、会推进自己想要或认为正确的事情(Mills,2014)。因此,赋予文中"专横的靴子"正面价值的方法是,把该表达视为暗示戴维斯所面临的严峻挑战,即尽管存在冷漠、性别歧视或蔑视,她依然推广"把强身健体作为日常实践"的科学观。

✲ 文本层面

文本层面重点关注文本中单词、短语或更大语言单位所传达的主题或架构模式,包括观察常见的二元对立体之间的关系。其中,一个术语往往被凌驾于另一术语之上。从这个层面上来说,该文铺陈的是戴维斯私人生活/公共生活之间的二元对立。其中,前者被凌驾于后者之上,以表明戴维斯的"真实"身份所在。从内涵上说,文章诉诸的是个人主义观点,即一个人的"真实"自我建构于私人或家庭领域,而职业自我可能只是一个假面。这种私人和公共概念之间的反差被用来揭示戴维斯所谓的双面和伪善,因为她在公共场合的所言与她的私人生活方式并不匹配。记者对读者提出这样一个问题:

> 那么,这是一种"照我说的做"而不是"照我做的做"的情况吗?

文章使用两个主要的例子来证明该情况确实存在。第一,公共角色的戴维斯建议谨慎饮酒,而她私下却喝着地窖里昂贵的酒;第二,公共角色的戴维斯建议大家步行上班以锻炼身体,而她私下却乘坐一辆七座福特出租车去白厅。这同时暗示了规则的双重性:一条针对富人,另一条针对穷人。

如果逆向阅读此文,我们会发现文本自身就提供了多种策略,可以让批评性读者对该领导人进行更为正面的解读。一种策略是让读者观察二元对立中一元被凌驾于另一元的方式,并设法翻转特权元和从属元。我在上文谈到,戴维斯的私生活在该文中被凌驾于公共生活之上,前者被视为代表"真实"的人,后者被视为面具或掩护。然而,如果我们设法复原从属元,也就是说,如果我们认为戴维斯的公共角色和她的私人生活一样具有意义,我们对她的印象或许会更为公正和平衡。为了做到这一点,我们可以寻找文本描述戴维斯公共角色的方式。事实上,有很多短语传达了对她升任高层职位的正面印象:"国家首席医疗官""萨莉·戴维斯女爵""血液学顾问""帝国理工学院教授""伦敦国家健康服务系统研发总监""英国第六位最有权势的女人"。对个体(无论性别)来说,这些头衔和类别足以让人刮目相看,说明她职业生涯取得了巨大成功。读者可以凸显此类更具声望的角色,以推翻文本对其个人生活的强调,并恢复她作为在男性世界中打拼的女性领导人所取得的各种职业成就的价值。

其次,反身法质疑、降低二元对立在新闻媒体文本中的使用价值,因为这种对立往往倾向于弱化人类经验的微妙性和复杂性。该文使用私人/公共二元结构的前提是对人类身份的自由人本主义理解,即期望个体言语行为的一致性、逻辑性、连贯性,当个体表现出一种自我分裂时,就会因双面和/或精神紊乱而遭到口诛笔伐(Raschid,2005)。相反,因为在单一语境中定位自己,或被各种相互竞争的话语所定位,个体对事件做出反应的方式往往显得复杂、多面、矛盾。在该文中,为读者生成单一、可及但负面新闻故事的需求,迫使记者摈弃新闻对象建构中的歧义、矛盾。取而代之的是,文本给我们提供了一种简单易懂的二元建构。然而,该文未能始终如一地贯彻对新闻对象复杂性的简化、消除做法,而是在无意中给我们提供了一些挑战其私人/公共二元建构的矛盾之处(或我所说的"漏洞")。其中一个漏洞是直接引用戴维斯对其典型工作日的描述。据她本人说,她的生活方式是早起,健康饮食,上班前跑步,五天中有四天坐公车,而不是每天乘坐给其配置的政府用车。虽然摘录此话的目的显然是用来嘲讽戴维斯作为"卢维之地"("富人规则")成员自命不凡的行为,但同时也破坏了记者的主导性信息,即她代表着"照我说的做,而不是照我做的做"的方式。相反,"典型工作日"摘录可以被解读为戴维斯如何以身作则,示范健康、平衡的生活方式。

✻ 表征层面

在该层面上,文本邀请读者接受其对新闻对象的特定表征或刻画,即这就是"现实"或"真相"。从上文分析中我们可以看出,戴维斯主要被塑造成一个在工作中"专横跋扈"的"保姆"。通过转述的消息来源,该文将"保姆"负载的系列指称意义与"婆婆"一词结合起来,从而与嘲笑年长女性的传统脱口秀相关联:

> 英国国家健康服务系统信托基金前负责人罗恩·利尼在把[戴维斯]比作婆婆方面言辞颇为激烈……[他说],"英国国家健康服务系统有了一个自己的婆婆。可悲的是,不是那种同情、理智、支持的类型,而更多的是

专横跋扈、盛气凌人、横加干涉的类型。"

该转述言语把"保姆""专横""婆婆"和其他一系列评价性形容词结合起来，诉诸的是坎特(Kanter, 1993)角色类型中的母亲/母马成见：被同事视为性冷淡，把男女都当作孩子一样对待(参阅第二章)。这与铁娘子角色陷阱截然不同，后者因言行果断而被视为不自然、男性化。文本提供了系列证据以证明其标题的正确性，即戴维斯下达的那些荒谬、臆想的指令，如"携带纸巾、勤洗手、喝茶不喝酒、不做穿睡衣的宅家族"。这种对戴维斯的讽刺性表征，由一张剪辑的全身照片予以支持。该照片运用"特效"，让戴维斯填满整张相纸，巨人一般步出画框，直视读者，颇具男人的阳刚气概。她的着装融合了女性和男性元素：亮粉色的中式夹克，搭配的是直筒黑色长裤和棕色系带平跟鞋，短发，戴着一副严肃的方形黑框眼镜，看似裸妆。这种形象的选择暗示着其雌雄同体、缺乏常规的女性魅力。坎特(Kanter, 1993)的角色陷阱研究表明，女性领导人被迫与性别有关或无关的成见类型相匹配。她们不是被公然性征化(狐狸精)，就是被谴责为缺乏性感、性吸引力，还有就是一些反常的形象(母亲、铁娘子、宠物)。

第一个反身策略是，观察文本中那些在单个描绘中结合多种领导人成见类型的表征形式。这种表征形式说明，文本无法将其新闻对象"归档"于单个角色陷阱。戴维斯跨越两个成见类型——母亲和铁娘子，这两种成见在很多方面相互竞争、互为矛盾。虽然我们可以逐一还原、去权每个成见类型，但两者之间的相互作用可以为我们提供空间，以更创造性地建构女性领导人。我在先前的一项研究(Baxter, 2012)中指出，双重表征可能表明，女性领导人并未屈服于角色陷阱，而是积极利用成见角色，作为成就其领导事业的资源。在戴维斯案例中，她可以被视为兼具两种成见特征：母亲角色的关爱、平易近人、支持、社会情感；铁娘子角色的果断、粗狂、以任务为导向。霍姆斯(Holmes, 2006)认为，适当利用相关技术，兼收并蓄"关系型"和"事务型"两种领导风格的能力是成为"有效"领导的必要前提。"情商"(Goleman, 1995)——通过激励、信任和支持来与下属打交道的能力——如今被视为高层领导(无论性别)的一项重要资质。这儿，情商与"母亲"特质较为接近。

第二个反身策略是挑战、消除成见本身的性别特征。如果在文章中查找对戴维斯的直接转述，并忽略对她评论的负面文本框定，我们就会看到，她并不是文本

假定的性别化"母亲"或"保姆",而只是作为一名关心、热心支持患者的医生,在提供建议时直言不讳而已:

> 不管你如何做[锻炼],关键是要做:提前两步下车,骑自行车上班,自己做家务。比起苗条和亚健康,你更应该关注身强体健。

同样,当戴维斯使用铁娘子或战斧式直接、肯定的语言时,我们可以把她看成是直抒胸臆的强大领导人,而不是"专横跋扈"的女人。如果她的话出自一个对等的男性领导人之口,我们很容易认为该领导人自信、专业,还带有一丝幽默感。例如,戴维斯说:

> 如果我能打包[我的巨大能量],我会非常富有,不是吗?

以及:

> 冒名顶替综合征……你怀疑你是否能胜任这份工作,我显然能胜任,但还有一个问题是你如何做到。

第三个反身策略是鉴别不能被这些成见类型所覆盖的其他身份,这么做有助于解构角色成见表征。尽管试图角色化戴维斯的成见类型,但文章中相互冲突的片段阻止她被简化为单一的成见类型。的确,通过对文章的整体扫描,我们可以发现很多传达戴维斯身份多元、矛盾、丰富、复杂的小细节,因此很难对她进行归类。例如,我们发现,她上学时表现并不突出,却获得了顶级学术职位;她锻炼很有规律,但喜欢烹饪和美食;她曾尝试过大麻,但认为毒品的使用是一个需要管控的医学问题;她跑步上班,但偶尔会坐公务车;她喜欢陈年葡萄酒,但认为酗酒是一种社会危害。通过梳理同一新闻对象不同的、矛盾的身份漏洞,我们可以恢复建构女性领导人的平衡性、多维性和公平性,借此抵制文章成见化戴维斯的诉求。

然而,该文本的定位是,戴维斯看似毫不妥协的女权主义观点才最令人鄙视。我接下来对此进行分析。

❋话语层面

在任何一篇新闻文章中,都会有几个相互竞争的话语,争相吸引分析者的关注。上文在微观语言、文本和表征层面进行的分析,提供了很多鉴别此类话语的语言学和符号学证据。我将聚焦从该文中提取的两大性别化话语:反女权主义和亲女权主义。文章虽然并未使用"女权主义"一词,却使用了一些对等的非专业词汇,相当直接地援引了这场运动:

> 不足为奇,萨莉女爵对女性在社会中的作用有着非常强硬的观点。

该句中带有负能量的短语"不足为奇",让我们意识到该文的女权主义立场。在这句话之前,该文提供了一系列例子,谴责所谓的戴维斯的伪善和双面。虽然这种"双面"和她女权主义的"力度"之间并没有直接的因果关系,但该文坚持让我们给她的观点打上问号。这种评价性框架的使用有助于引导读者接受其首选的世界观或"主导性话语":"女权主义意味着反男性。"这一点在随后的评论中具现无疑。这些评论嘲讽戴维斯富裕的伊斯灵顿生活方式(卢维之地),以此要求读者认同记者的反女权主义观点,即女权主义者的定义是憎恨男人。间接引语也被用来嘲讽戴维斯所谓的"强硬"言论的要点,以证明其反女权主义话语:

> 她还说,男性的"Y"染色体携带"胡说"基因,有些男性正是借此混到高层职位。

该句通过对标准男性禁忌语的拙劣模仿(Coates,2004),让读者嘲讽戴维斯的女权主义信仰,以及这种信仰的荒谬之处。该文显示她的观点粗俗古怪,暗示着女权主义运动的原则,同时精挑细选了"一小段"更具争议性的话语,以期通过戴维斯这种明显极端的女权主义观点,达到让她进行自我谴责的行文目的。

解构这种反女权主义话语力量的一个策略是,挖掘戴维斯所谓的争议性观点的实际内容,并追问:"它们到底有多不合理?"如果重新诠释这些摘录的信息,我们会发现大部分内容表达的都是女权主义已充分演绎过的主题,特别是当前关于领导层中女性的争论(Sealy, 2010)。虽然有些人可能不会认可戴维斯(被恶搞的)的科学观点,即男性获得晋升靠的是能说会道,但其余对她进行评论的直接转述只是表达了我们所熟知的性别和领导力问题,如:

(1) "冒名顶替综合征"在女性中尤为普遍:你怀疑你是否能胜任这份工作,我显然能胜任,但还有一个问题是你如何做到。

(2) 我喜欢身边的女人足智多谋、精力充沛,所以我很清楚,对男人来说,要真正挑战这种成见,并更换一种思维方式是多么的困难。

(3) 我可能确实对女性有正面的偏见,因为男性以自己的形象谋职,我也以自己的形象谋职。

这三条评论均援引了亲女权主义话语中业已确定的主题:冒名顶替综合征、男性对变革的抵制、对女性的正面偏见。每一条评论都强烈暗示着我所说的"女人支持女人"的话语原则:成功女性应该指导更多经历职业发展障碍的基层女性。在该话语中,戴维斯令人钦佩的一点是,她给其他女性树立了榜样,但同时又没有被这个立场定型。第一条评论还明确指出了生活在男权文化中的很多职业女性所经历的信心不足问题(Sealy, 2010)。第二、三条评论明确指出了备受争议的"对女性的正面偏见"话语,这种正面偏见现已合法化,英国政党的候选人名单(UN Women, 2017)充分说明了这一点。

鉴别出两种亲女权主义话语("女性支持女性"和"对女性的正面偏见")之后,第二个反身策略是废除文本铺陈的主导性反女权主义话语,并(重新)恢复从属话语。这是一个更具创造性的"大局观"方法。试想一下,如果恢复的话语支持而不是攻击戴维斯及女权主义事业,文章将如何解读?如果该文并没有定位读者去反对戴维斯的领导政策和多样化成就,而是邀请读者从亲女权主义立场出发,解读其行为对民众的建设性意义,戴维斯将被重塑为激励其他职业女性的优秀榜样。她已经证明,她可以挑战诸如抵制女性领导人成见等职场惯例,并通过聘用其他女性担任高级职务来肯定她们的才能。我们只需通过对立的话语镜头阅读同一种证据,便可以在分析中假设性地提供这些证据。

解析性别中立文章

《老板给自己大幅减薪——但没有强加于同事》记者:奥利弗·沙阿,《星期日泰晤士报》,2016 年 3 月 6 日。http://www.thesundaytimes.co.uk/sto/business/business_interviews/article1675267.ece.

这是一篇周访文章,此类文章通常特写一位资深商业领袖,比如英国大型公司的董事长或首席执行官。本案例是对均富国际会计师事务所首席执行官萨夏·罗曼诺维奇的专题报道。这种定期特访通常占据该大报的整幅版面,从我们读者的观察来看,尽管女性仅占高级职位的 18%,但周访专栏给予男女领导人大致相等的空间(Sealy et al., 2016)。罗曼诺维奇的照片拍的是她在办公室的自然姿势,占据了近一半的版面。访谈的主题通常是一个有争议的"话题",并在照片抬头的后半部分加以标记,如在本案例中,"均富首席执行官萨夏·罗曼诺维奇希望企业成为'社会的一部分',但她会如何处理公司的审计丑闻?"

顺向阅读会发现,该文有好几点标志着其设法从性别中立的立场定位新闻对象。第一,标题没有明确指称该领导人的性别,只是提供了她的名字("萨夏",没有性别差异的名字)。除此之外,文章一直使用她的姓氏。"老板"一词传统上指称男性(参阅上文讨论),但此处用来指称该女性领导人。标题中提到罗曼诺维奇对企业的社会愿景,以及对同事的慷慨行为,表现的都是她的无私("她把钱看得很淡")。这些都与领导风格相关,而与性别无关。第二,文章聚焦一个相当标准的核心要素,即该领导人职业生涯的成功。整体来说,她的职位晋升被置于一个详细的商业背景之下,尽管我在下文对此另有解释。第三,全文在描述个人细节和聚焦商业问题之间保持了相对平衡,比如她作为领导人对公司的展望、倡导的政策、正在处理的一些根深蒂固的商业问题,以及各种待审法庭案件的细节。这种纪实报道和对罗曼诺维奇的直接引用,派生出该文的商业语体和技术参照(如"利润分成""公司整体分红""网络化组织"):

> 她为所有员工(而不仅仅是 185 名合伙人)引入了约翰·刘易斯式的利润分成。严格来说,这并不是一个新的创意,但毕马威会计事务所去年正式确立了"公司整体"分红制——罗曼诺维奇表示,这说明均富正在"向

一个网络化程度更高的组织转型。在这儿,无论级别高低,你都可以做出自己的贡献"。

第四,语料库中一个备受关注的议题是国际上争论的问题,即高级领导层中缺乏女性,需要提拔女性人才(如 Sealy et al., 2016),但该文并未试图把罗曼诺维奇定位成一个就性别而言,在男性主导的商业世界中取得非凡成就的女性领导人。有别于语料库中其他很多《星期日泰晤士报》的文章,该文对(女性)领导人的定位并非基于支持性别平等的话语。罗曼诺维奇没有被要求去评论她是否在获得领导职位方面遇到障碍,或者她是否制定了有利于女性的政策,以激励公司中基层女性取得进步。该文转述了她对此类激励政策的描述,但并不是为了表示对平等和多样性本身的支持,而是标志一个性别更为中立、更博爱的愿景:

> 她说,她正着手把均富从一个"在等级体系下做生意为自己赚钱的旧世界"转型为一个"企业必须成为它所服务的社会的一部分"的新世界。

简言之,从性别中立的角度来看,该文强调的似乎是罗曼诺维奇的领导人身份,而不是女性身份。

虽然从女权主义的立场来看,这种报道方式有很多值得称颂的方面,但我在第三章中指出,明显的性别中立观点可能(无意中)以两种方式欺骗读者。第一,这种观点会抹除那些持续造成偏见和歧视的问题,也没有把领导人的成败置于社会和专业的背景之下。性别中立可以作为一个隐秘的工具,用来维持和再生那些宣扬只有杰出女性才适合担任领导人的话语。第二,反过来说,这种观点可以隐秘利用性别化信息,削弱领导人强大、独立、权威的形象,而从表面上看,文章只是根据是非曲直对她们进行评估。我下面分别从微观语言、文本、表征和话语等四个层面解构此文,以揭示新闻媒体对女性领导人的性别中立表征可能带来的影响,并重构一个更公平、更平衡、更有建设性的表征。

✳ 微观语言层面

这一层面的分析侧重于该文对罗曼诺维奇的命名和归类,观察其中是否有重复、模式化或对立之处。在这一点上,该文遵循性别中立原则,使用各种无性别差异的头衔去指称这位领导人,如"老板""领导""首席执行官""罗曼诺维奇"。除此之外,代词"她"的使用最为普遍,唯一的例外是罗曼诺维奇自称的"妈妈"。文章也使用大量形容词描述该领导人的外表及领导风格,如"高挑""时尚""郊区的""理论性""含糊其辞"(重复两次)。来自同事对其的转述性评价中也有形容词"精力充沛、深思熟虑",而罗曼诺维奇对自己的评价则是"相当无趣"。可以说,没有一个用词是性别化的,因为它们并未凸显新闻对象的性别规范特征。对罗曼诺维奇外表的描述符合可逆性原则,上述词汇可以反过来用于描述对等的男性领导人。然而,有两个描述性形容词却挑战了这种性别中立的印象。在两个简短的段落中,我们被告知:

> 罗曼诺维奇是谦逊、含糊其辞、乌托邦宏图的混合体……她一边讲述自嘲的故事,一边谈论企业变革的必要性。

从词源上看,"谦逊"一词的原始意义无关性别:"节制、适度、清醒、温和"(*The Etymological Dictionary online*, 2017),但从 1560 年开始,该词被用来定义理想的女性气质("女性礼仪"或少女荣光)。从历史上来看,"谦逊"的反面是"不得体""不光彩",甚至"滥交"。不管其意义历史多么悠久,现在已不太可能用这个形容词去描述男性领导人的愿景。在此背景下,该词被用来评价女性领导人的谈话低调,暗示如此这般才符合她的性别。此外,虽然在我的考察范围之内,并未发现"自嘲"一词(描述罗曼诺维奇故事讲述风格)拥有悠久的词汇历史,但最近的语言和性别研究(如 Baxter, 2010; Schnurr, 2009)指出,该词是一个性别化用语,主要用来描述女性领导人自卑式的幽默。了解此类词汇的词源和用法,可以让读者撕开该文和其他文章披着的性别中立外衣,从更具批评性的视角,对它们进行重新阅读。

在微观语言层面进行重构性阅读,读者可能会想,是否有其他词汇既能捕捉罗曼诺维奇不自夸的精神,又不会暗示她犹豫不决、缺乏权威性。我们需要认识到,从解构主义的角度来说,没有一个词可以替代另一个词,因为词义各不相同。然而,对"谦逊"一词,同义词词典(http://www.Thesaurus.com/browse/smittle)提供了36个选项,其中很多是高度性别化的。我从中选择了两个形容词——节制和温和,两者似乎都可以用来描述该领导人无需自夸就能安静描绘自己的宏图。

❋ 文本层面

在该层面上,该文铺陈的是商业"理论与实践"的二元对立,其中,实践的概念被记者凌驾于理论之上。这一点在上文记者的评论中就已经有所体现(罗曼诺维奇是谦逊、含糊其词、乌托邦宏图的混合体),这暗示着相较于实践而言,该领导人对商业理论更感兴趣。不过,目前尚不清楚"谦逊"和"含糊其词"是否意在批评她对理论的偏爱。文章后面的内容才会更坚定地引导我们如何评价这位领导人:

> 不过,她所说的"创新文化"和"共享企业"有时听起来像是管理层的华而不实。均富的很多问题在于细节,而不是理论。

这一评论不是从批评性同事的意见中筛选出来的,而是被定位为记者本人的直接看法。在上面的两句话中,记者使用了稍加限定("有时")、绝对断言和带有嘲讽意味的术语("华而不实"),以诋毁罗曼诺维奇对理论术语的使用。该评论之后的系列段落描述了均富存在的商业问题,并广泛使用了负面的商业和法律词汇,如"违规行为""争斗""过失""纠纷""诽谤""欺诈"。结尾处通过对"含糊其词"的重复使用(现阶段显然是在谴责),证实了文本重实践而轻理论,而理论恰恰与罗曼诺维奇密切相关:

> 不过,当被问及该如何应对时,她再次含糊其词,说她的公司正"启动一系列调查,涉及12个城市和7个主要议题,以凝聚人心"。

这句话的反题将记者对必要措施的直接询问("能做什么")与罗曼诺维奇含糊其词的回答("询问""主题")并置,强化了文本重实践而轻理论的意识形态。通过理解文章如何围绕对立的二元原则进行建构,批评性读者可以使用第四章解释的技巧，解构文本的意识形态倾向，了解文本如何定位领导人，以及是否做出了性别化假设。至于理论/实践这种二元关系，原则上可以认为，任何领导人，无论性别，都应该关注长期规划，而不是商业实践。因此，重构性阅读可能会设法复活"理论"这个不被认可的术语，并证明罗曼诺维奇更广泛的战略眼光与实际行动一样，对有效的高层领导至关重要：两者相辅相成。事实上，这里有一个相反的情况需要考虑，盈亏的实际意义虽然重要，但应该合适地委托给领导者的管理团队。作为一个团队，他们才应该致力于解决公司存在的问题。而远见对一个有效的领导人来说是不可或缺的。

总的来说，读者可以解构这种二元对立，以质疑该文彰显的性别中立，而这种性别中立实际隐含了性别化假设：商业实践的规范（男性）价值大于商业理论的从属（女性）价值。在揭示这种性别化假设时，重构分析应致力于恢复二元对立的从属价值，并重新评估其对领导人职业实践的重要性。

✲表征层面

对于寻求性别中立的新闻专题文章，我们的期望是，此类文章会运用一系列正面和负面特征，对新闻对象进行细致入微的表征，而不是运用我们熟悉的领导人成见类型。读者不大可能接受一篇重商业实践的文章对新闻对象的"现实"或"真相"的成见式表征。然而，调查发现，该文对罗曼诺维奇的领导表征，多次诉诸性别化身份，而不是中性身份。在我看来，罗曼诺维奇的语言学和符号学表征，与莱考夫（Lakoff, 1975）关于"女性语言"的"缺陷"观在很多方面是一致的。简单来说，莱考夫提出，女性语言反映了西方社会在20世纪70年代的权力结构，即女性的社会地位低于男性。这种权力结构直接导致女性犹豫、谦卑、无力的语言风格，而男性讲话则更为自信、直接、有力，以彰显他们的优越性。莱考夫的论点不是基于实证研究，而是基于反映当时性别化态度的民俗语言和轶事证据。布考兹（Bucholtz, 2004）等学者随后提出，对语言风格的性别化态度在某些文化中根深蒂固，且长期存在于西方文化中，媒体表征通常是其表现形式。莱考夫的女性语言风格观在该文中的体现是，罗曼诺维奇说话含糊其词、"华而不实"、"自嘲"、过于抽象，暗示着该领导人缺乏对商业现实的基本认知。如此，女性语言风格的无力感和理论的无

为性就有了某种性别化联系。我们从该文的开篇之处(评论罗曼诺维奇访谈的谦卑风格和家庭话题),就可以看出这一点:

> 很少有老板会在访谈开始时为产品[瓷器]的质量道歉。"我真的很抱歉——这是我还没有改变的事情之一。"萨夏·罗曼诺维奇说,"……我们需要一些像样的杯子。"她解释说,"我在很多方面都相当无趣,但我确实喝了很多茶。"

副标题旁边的照片证明了罗曼诺维奇的自我描述:她正以轻松的姿势端着一杯热饮,对着镜头微笑,穿着非正式(非商务式)服装,但戴着精致的珠宝。文章接着强调了罗曼诺维奇某些常规的女性化特征,如她对缝纫和时尚的兴趣:

> 20世纪80年代末,英国第五大会计师事务所的掌舵人在牛津大学期间,为增加补助金而制作礼服,……[但现在]她的职业生涯建立在电子表格上,而不是缝纫上。

事实上,可以说,该新闻对象本身并没有成为这种性别化建构的受害者,这或许与罗曼诺维奇本人做出的一些努力相关。在访谈中,她不仅把自己定位为一位商界领袖,而且把自己定位为一位全面的个体,即她同时也是一位女性和母亲,文中的一些"女性化"评论正是出自其口。记者在发表上述评论后,直接转述了罗曼诺维奇本人的言语:

> "不管怎样,我的孩子们穿的仍然是学校演出的最佳服装。"

文章似乎认可了缝制服装和为人母对罗曼诺维奇的重要性。她在自我表征中的这种暗示或许挑战了社会对公众人物(领导)的狭隘观点。但我认为,记者对这种暗示的采纳主要是出于自己的行文目的。换句话说,罗曼诺维奇的常规女性化表征被用来强化记者的观点:该领导人的"自嘲"态度和"含糊其词、乌托邦宏图"至少对公司的"审计丑闻"负有部分责任。简言之,正如文中所说,"均富的很多问题在于细节,而不是理论"。重构性阅读应力求勾勒罗曼诺维奇在该文中表征的多面性,重点关注那些被后置和弱化的方面。此外,分析者也应该重新评估那些被认为无能、无关或软弱的领导人品质。例如,我们从文章中得知,罗曼诺维奇"在某种程度上把钱看得很淡",她不仅给自己的工资设置了上限,而且为全体员工引入了"约翰·刘易斯式的利润分成"。这一点与对她的指责相互矛盾:"含糊其词"、"华而不实"、回避"细节问题"。相反,被引用时,她的语言有时直接、自信,如下例所示:

我们已经制定了非常明确的税收章程。这是我们的企业精神所在,也是我们重要的企业文化。

这种简短而直接的断言需要我们的关注,也显示了罗曼诺维奇的领导才能:综合运用常规的男性和女性语言特征(Holmes,2006),以实现不同的目标。

❋话语层面

正如上文讨论的那样,该文中有几种话语争夺分析者的关注。基于以上分析,我发现,该文的中心论点派生出三种商业话语:"领导人的多重自我""商业实践高于理论"和"商业服务于社会利益"。目前尚不清楚,罗曼诺维奇上述表征中的性别化信息是如何催生或推进这些话语的。衡量文中话语性别化中立与否的一个策略是,考察全文中与这些话语相关之处如何定位领导人,或领导人如何借此进行自我定位。

在文章的前三分之一处,罗曼诺维奇被定位成具有多重自我的领导人,虽然偶有例外("没有多少老板会……")。文章对罗曼诺维奇的直接引用频率很高,这给她的自我定位增加了一定的权重。文章给予她表达身份多面性的空间:有远见的人、喝茶的"无趣"之人、会计师、服装制作师、野心家、大型会计师事务所的掌舵人、"亲力亲为"的母亲。然而,这种定位中存在着潜在的去权成分,如文章多次把她的职业成就和家庭兴趣、含糊其词的语言使用进行关联,如此去弱化她的职业成就。

在文章的第二个三分之一处,"商业服务于社会利益"话语最初给罗曼诺维奇增加了一定的权重。文章给予她表达的空间,以描述对更好商业世界的愿景(把均富从一个"在等级体系下做生意为自己赚钱的旧世界"转换为一个"生意企业必须成为它所服务的社会的一部分"的新世界)。文章接着提供一些事实信息,同时引用敬佩、支持她工作的同事话语("精力充沛、深思熟虑"),以支撑她有远见的政策。但从这儿开始,罗曼诺维奇被定位于"商业实践高于理论"话语,权重因而开始降低。文中不再直接引用她的话,而是随后报道了均富"一系列与审计相关的问题"。这儿,记者大量使用了负面的法律和商业词汇,证实此处的整体基调和风格是含蓄评判该领导人没有解决这些问题的能力。就处理企业实际问题的能力而言,此处对罗曼诺维奇的定位是无能:"高风险的法律博弈远非她的能力可及。"

在文章的最后三分之一处,"商业服务于社会利益"和"商业实践高于理论"两种话语争夺主导权和最终的发言权。罗曼诺维奇再次被赋予发声的空间,以回应对她作为一名领导人可能无能的指控。记者的间接引用负责寻问棘手的商业问题——"对此能做些什么?"而对罗曼诺维奇的直接引用则负责对此进行解答。记者的评论,如"她再次含糊其词",为我们解读罗曼诺维奇的解答提供了框架:这些评论说明的是罗曼诺维奇答案的含糊不清和理想主义,所以应该是在对她进行谴责:

> "精彩的是,即使是第一轮晚宴,只要你让人们进入那个空间,就会找到一条合作之路。"她说,"如果社会失败,商业就会失败。"

尽管文章给予罗曼诺维奇一定的空间,以把自己定位于"商业服务于社会利益"话语之中,这在某种程度上赋予了她一定的权重,但她显然未能直接以记者的方式回答问题,从而导致权重的降低。然而,这场争论并未直接基于性别去降低她的权重(使用莱考夫式语言时除外),该文赋予她最后一次评论的空间,而这可能会恢复她前面的自我定位:"我们已经制定了非常明确的税收章程。这是我们的企业精神所在,也是我们重要的企业文化。"

可以说,该评论重新平衡了她在两种商业话语之间的定位,并赋予她作为一名高级商业领袖最后一次发声的机会。总的来说,该文没有为它的新闻对象提供一个性别中立的立场,而是强调了某种"女性语言"成见,借此暗示罗曼诺维奇作为一个关心社会利益和过于理论化的领导人可能存在的弱点。种种迹象表明,"商业实践高于理论"互文"商业服务于社会利益",从而为罗曼诺维奇打造了一个潜在的性别化、去权的主体位置。她对社会利益的关心则表明,她与商业现实脱节太深,这暗示着她缺乏成为一名高领导人必备的素质。

在很大程度上,该文都堪称一个去政治化的"后女权主义"版本,它假设了一个理想世界:女性不再需要为自己的高层领导职务而战,或为其辩护。但是,评判女性和男性的基础仍然不平等。分析的重构阶段可能会设法"收复"文中缺失的东西,让读者意识到,挑战女性掌舵大型机构的问题依然存在。如果记者判断女性的领导方式存在缺陷,那这种判断背后的假设就应该受到挑战。我曾经提议,在这种情况下,分析者的评判可以凸显罗曼诺维奇对领导工作的"转型"方法,即她的业务目标不仅仅是商业成功,而更多的是社会利益,以在与"商业实践高于理论"的竞争中获得支配权。可以说,如果一位男性领导人表现出这种变革性的领导能力,记者对其的评价或许就要正面得多。

我在第六章将进一步讨论,反身法是否应该"期望"性别中立文章凸显女性领导人面临的持续挑战,从而在某种程度上重塑她们的性别身份。

解析亲女权主义文章

《〈女性时光〉的听众喜欢坦率地谈论性话题》记者:迪卡·艾特肯海德,《卫报》,2016年10月8日。https://www.theguardian.com/lifeandstyle/2016/oct/08/70-years-of-womans-hour-radio-4-jenni-murray-jane-garvey-interview.

本节考察的文本是"期刊"专栏的一篇双页专题文章,采访的对象是英国广播公司第四电台《女性时光》节目的两位女性主持人詹妮·默里和简·加维。作为新闻节目主持人、主题辩论主席、新闻人物的采访人,这两位女性在英国传媒界可谓久负盛名。这次采访是为了庆祝《女性时光》开播70周年,该节目以关注女性事务和问题而闻名。顺向阅读时发现,文章直接转述了加维的原话,"《女性时光》不是一个女权主义节目",但文章融合了女权主义立场,讨论的重点是女权主义话题。在第一页,一张默里和加维坐在录音棚里的彩色照片占据了一侧的四分之三,四周是印刷文字。在指称层面上,照片中,这两位中年白人女性坐在办公椅上,身着黑色衣服，面带微笑直视镜头。两把椅子明显拉开距离。在第二页，有一张默里待在录音棚的黑白照片。她看起来相当年轻，照片抬头告诉我们，这张照片拍摄于1994年。两张照片之间的"系统组合"（syntax）表明，默里在该岗位上的工作时间颇久。顺向阅读时发现，该文邀请读者在庆贺该节目和两位主持人之余，认同她们关于女性问题和女权主义本质的讨论。

我下面考察贯穿全文的女权"后结构主义"版本，以及该文在多大程度上提供了一种替代性、更具能动性的方法来建构女性领导人。

�֍ 微观语言层面

该层面的解构式分析聚焦文本中词汇的个人用法，尤其是那些用来命名、称呼、描述和评价两位女性领导人的词汇。反身法预期，名称的使用标志着该文对主持人的定位和建构应该是动态的、多样的，如此，她们就不会显得刻板，或一直被禁锢于某种头衔、标签和类别。事实上，该文几乎没有给两位主持人贴上任何标签。两位的类别均是性别中立的职业头衔"主持人"，再辅之以姓氏进行单独标识。在第一段，记者艾特肯海德设定了一种她们"实际上是姐妹"的预期，从而关联女权主义术语"姐妹情谊"。"姐妹"一词既被用来指称现代或"第二波"女权主义者，也被用来特指她们对其他女性追求两性平等的积极支持。然而，艾特肯海德本人很快就撕下这一集体标签，她说：

> 事实上，我惊讶地发现，"我们几乎不了解对方"。我想默里一定是在开玩笑。"不，不，我们很少见面。"

的确，两位主持人之间缺乏相似性甚至同理心的主题是在整个行文过程中发展起来的。例如，记者评论道：

> 但是，在我们还没有出发去那间休息室时，我就惊讶于两位之间的距离感和那么一丝警惕感。

记者从其个人印象中筛选出两位主持人的独特性和差异性，并在行文过程中邀请读者加以关注。默里被描述为"老牌健谈者"和"魅力四射的表演者",加维则被描述为"谦逊、低调"。新闻评论关注更多的是两位主持人之间明显的紧张关系,以及她们在采访过程中自我呈现方式上的差异,而不是寻找她们之间的共同点。然而,命名和标签的普遍缺失说明,文章强调的是受访者自己的声音——文章的大部分内容是直接引用两位主持人的观点,而不是提供新闻评论。两位女性都没有直接将自己称作"女权主义者",尽管这个问题是很多质疑的基础。在文章的临近结尾处,艾特肯海德对两位主持人的评价都是"令人敬畏"。根据我的经验,该词更多用于高层女性,而不是对等职位的男性,同时也不全是正面意义。但是,该词本身的用法很快就遭到破坏:

> 两位主持人都让我心生敬畏,我很惊讶她们没有赢得那场[同工同酬]斗争。

记者惊讶的反应是,这两位"令人敬畏"的女性不要说"赢得"英国广播公司的同工同酬问题,她们甚至都没能挑战这一问题。这一反应质疑本质主义的假设,即强大的女性无论是基于个体,还是从声望来说,在其机构内部一定也很强势。记者使用"令人生畏"来评价两位主持人在公司内部的个人权力,但该词立即被证明是暂时性的,且容易引起争议:她们个人的主体地位仍然受限于制度背景。如此,词汇层面的阅读表明,头衔和描述性词汇的使用或性别中立,或是暂时性的,不然就是有争议性的,这是后结构主义写作本身的一个特点。

✲文本层面

该层面的分析侧重寻找一个术语可能被凌驾于另一个术语之上的二元概念,这是考察文本意识形态架构和潜在信息的一种手段。正如我们所看到的那样,自由女权主义文本往往遵循二元架构,如女人/男人、加害者/受害者、赋权/去权。相比之下,后结构主义文本可能会让二元对立处于永恒的运动、张力或游戏之中,显示出两个术语之间相互依存的关系,以及反转特权术语的可能性。如微观语言层面的分析所示,该文铺陈的二元对立是"姐妹情谊"与"女性竞争"这两个概念之间的张力。在该文中，没有一个概念优先于另一个概念，但每个概念都处在不断地游戏之中。首先，"女性竞争"的概念优先于"姐妹情谊"。记者迅速瓦解了这两个女人可以被称作"姐妹"的想法——她们团结在一起，共同的目标是让观众了解"女性问题"。这种瓦解是通过强调两位之间潜在竞争的根源和可能存在的敌意来实现的。这暗示着，《女性时光》的知识产权具有争议性——它关注的是什么，对听众意味着什么，代表的又是什么。这种女性之间的竞争通过第二段中的新闻评论得以确立：

> 奇怪的冷淡缺乏任何轻松熟悉的痕迹，加维没有坐在默里旁边，而是分开坐着。气温的确升高了，我从她们的距离感觉不到敌意。但她们的回答让我清楚地看出……两位主持人之间的差别实在是太大了。

这种明显的疏离体现在两个方面。首先，使用与上例类似的新闻评论来描述两位女性对肢体语言的使用，以暗示两位之间缺乏温暖和同理心（"与此同时，加维甚至没有试图争取播放时间，而是默默地坐着，面无表情"）。艾特肯海德还使用对立的句法结构报道两位女性会话中存在的明显分歧（如"默里一直认为'生活就是拷贝'，而加维则说'我没有那么冲动。我是一个相当注重隐私、独立自主的人'"）。其次，选择并直接引用两位话语互动中的分歧之处。这儿，她们援引女性杂志之类的对等平面媒体，讨论《女性时光》的"品牌化"：

> 加维建议道："是的，《好管家》针对的是老年读者。"默里反驳说："不一定是老年，《好管家》同样吸引我们的观众群。"加维小声说："好吧，我不是《好管家》的读者。"

然而，我们不必把这种互动的净效果解读为文本把女性竞争凌驾于姐妹情谊之上，也不必解读为此处释放出对女权主义并不友好的信息。相反，对分歧的强调可以让两位表达不同的意见和观点，而这些往往与记者的争辩之声交织在一起。三位参与者的声音相互竞争、交织和补充的方式有助于挑战文章的二元架构感。这儿，两位在讨论《女性时光》的备选电视节目，如劳伦·拉维恩主持的

《深夜女性时光》:

> [加维说:]"我认为这是可行的。听起来心情不错。"另一方面,默里则声称她没有听过任何版本。我说,那不可能是真的。但她坚称是的。

在全文中,不同的观点和声音相互交织,这意味着没有任何一个声音享有最终的特权。事实上,文章收尾于对默里的直接转述,而不是记者的总结性评价。总的来说,有一种感觉是,姐妹情谊/女性竞争的二元对立不断受到三种不同声音的挑战,导致这两种概念永远处于紧张的状态。在某些时候,她们的意见相同,而在另外一些时候,她们的意见相左。有时,两位主持人甚至用同一个声音说话(默里相当谨慎地告诉我:"我们都不知道其他主持人赚多少钱。")。不同声音之间的这种相互作用使读者有机会形成自己的判断,即该节目对观众意味着什么,目标受众是谁。

✲表征层面

该层面的反身法评估是以限制性、成见化的方式,还是表明她们是由多重身份构成,而这些身份在某种程度上是深不可测的。该方法还引导分析者去质疑相关表征是否对人们的文化身份做出霸权性假设。关于第一点,无论是使用图片还是使用文字去塑造两位主持人的肖像时,均未以特定、狭隘或负面的方式对她们进行评价。正如特写梅隆的那篇亲女权主义文章一样,该文给予两位主持人充分表达个人观点的空间(像采访笔录一样)。然而,与梅隆文章不同的是,她们的声音不断受到记者和彼此的挑战,以致没有任何一方的意见被置于另一方的意见之上。这意味着,两位主持人均不会固定于单个主体位置上,或由单个标签进行表征。事实上,对任何一位主持人的表征都处于不断地变化和瓦解之中,然后重新呈现为一个松散的自我集合。例如,我们了解到,默里魅力非凡,十分健谈,是两个成年儿子的母亲、低调的女权主义者,谈论性话题时出言谨慎,但认为学校应该在性教育中传授"色情"知识,不会使用技术或社交媒体,"令人心生敬畏",却无法与英国广播公司抗衡,以争取同等报酬。这种多维的、常常自相矛盾的人物刻画规避了任何类型的成见表征。有趣的是,默里描述了广播节目所追求的女性受众群的多元化,这无疑是对个体多样性刻画的一种回应：

> 一直以来，人们都尊重这样一个事实，即女人从来都不是单面的。她们兴趣广泛，而且总是试图反映出这一点。所以我们可以从格曼·格里尔谈到烹饪，范围一直都很广。

这儿，默里推定的女权后结构主义版本质疑现代女权主义原则，即女性具有普世性特质。事实上，自相矛盾的是，她和加维都认为《女性时光》不是一个女权主义节目，但又评论说，如果有人公开宣称自己不是女权主义者，则"几乎不可能"被任命为该节目的主持人。在解构该文本时，我提出，此类报纸文本对新闻对象的言行建构往往复杂、动态，有时甚至相互矛盾，而不是设法把她们合理化成读者能够理解的人物，因此，其中更有可能出现更为公平、平衡、赋权的女性领导人表征。

然而，在关于该文是否对人们的文化身份做出霸权主义假设的第二点上，很少有人会去质疑两位女性的特权地位。文章对默里和加维的简介表明，两位都是白人、中产阶级、受过良好教育的中年人、职业女性，但记者并未刻意去强调这种与性别相关的特权地位（虽然经过调查，谁更年轻也符合类似情况）。与女权后结构主义版本不一致的是，两位主持人主要以性别和性征来表征她们自己和观众，而其他变量或许会在一定程度上边缘化女性。虽然在两位主持人的话语建构中，有很多值得欣赏的地方，但重构性阅读将考察她们的"编制"凭证（白人、中产阶级、受过良好教育的中年人）如何授予她们特权，而很多听众却不可能享有这种特权，或者说，这种特权也许会排除其他听众群。

✳ 话语层面

我再次从上述三个层面的分析中得到鉴别话语的证据，即弥漫在单个文本中，关于知识与权力之间关系的潜在信息。此外，文章多样援引"服务女性"节目、女性观众、女权主义以及主持人对她们"作为女性"的观点，因而具备了浓厚的性别色彩。在此基础上，我提出，这种分析派生出三种性别化话语：亲女权主义话语、反/非女权主义话语、"女性提防女性"话语（Sunderland, 2004）。

通过追踪行文过程中新闻对象的话语定位,我发现,两位主持人在强大与弱势之间不断切换。在文章的开头,两位均被定位成强大,这与亲女权主义话语相关:显要人物、事业有成、职业女性,有足够的新闻价值,配得上全国性领先报纸的双页特写。然而,这种"成功"的主体位置却受到彼此在场的挑战,没有一个人能在访谈中"接受对方朝拜"。同时,记者也不断质疑她们的观点。在文章的前半部分,我们看到艾特肯海德如何援引"女性提防女性"话语,将主持人定位为竞争对手,而不是女权主义的"姐妹"。在该话语中,两位主持人均使用了各种语言技巧,以定位自己的强大——默里支配着语言空间,因为她"长篇大论",对她的直接转述说明了这一点。同时,此处也间接转述了加维的非言语反应:"(她)甚至没有试图争取播放时间,而是默默地坐着,面无表情。"加维在该话语中相对于默里的弱势地位后来发生了变化,她使用了其他技巧去削弱后者的语言支配,以增强自己的主体位置:

当[加维]提到第四电台时,她坚持自己看法的方式就变得非常清楚。默里插话道:"我开始听的不是第四电台,而是家政服务。"加维反驳道:"我还年轻,没听过家政服务节目。"默里咕噜道:"亲爱的,稳住。"

根据"女人提防女人"话语,默里不仅滔滔不绝,还打断她的搭档主持人,以维护她在谈论节目时的优越权利。加维则通过"打青春牌"来抵制这种支配性表现。鉴于默里居高临下的回应,我们可以把这一点解读为"我比你年轻,所以更能与观众互动"。

然而,当艾特肯海德引导两位新闻对象谈论女权主义话题时,加维在相关话语中的定位比默里更为强大,加维首先作答,抵制记者试图强加给她的"女权主义主持人"的主体位置,但同时也抵制非女权主义的位置:

这不是一个女权主义节目,但是……在这个问题上,我们还是诚实点吧。我认为这个节目不太可能交由一个公开宣称与女权主义完全没有任何交集的人来主持。

在这里,加维使用权威的语言:一种缓和的命令("我们还是诚实点吧……"),

接着是坚定的声明("不太可能")和双重否定("不太可能……没有任何交集")来表达她的观点。在这份声明中,她既不肯定也不否认自己是女权主义者,而是让读者得出自己的结论。因此,她在女权主义和反/非女权主义两种话语之间处于模糊的位置,拒绝"公开表明"以维持自己的权力位置。

然而,从这儿开始,加维在亲女权主义话语中的定位就有了更大的主观能动性。在一个长段引用中,她谈到准备提出一些有争议的问题,如"阴茎图片"。对这个存在潜在性别歧视的话题,相较于默里在节目中对性话题的"过于谨慎",加维谈论得直截了当、毫不尴尬,以此继续维持她在亲女权主义话语中的权力位置。加维在《女性时光》中处理有争议的女权主义议题时表现出的主观能动性,挑战了默里在"女性提防女性"话语中的强势地位,因为它开始与女权主义话语交织在一起。换言之,该文似乎表明,在争夺《女性时光》统治地位的斗争中,加维比默里更有信心处理棘手的女权主义问题。

一般来说,文本在对两位主持人赋权和去权之间的转换中,不断扰乱读者对她们每个人的评价。该文大幅度引用默里对女权主义问题的支持,如对男孩的性教育和色情教学,以此让她在"女人提防女人"话语中重新建立权力。在这里,默里援引她作为两个男孩母亲的经历,以此展示她在这个问题上的权威性("我不得不和我的两个儿子说……""关于这个问题,我们谈了很多。因为这很重要")。但是,在文章的最后一部分,默里似乎又一次在"女性提防女性"话语中失去了权力。她长篇大论技术、电视应用软件和社交媒体的使用情况,显然,加维在这些方面更为在行。记者和加维都对她的无知提出质疑:

> 加维咕哝道:"我们会凑钱给你买一部智能手机。""我不想要智能手机,我的指甲太长了,无法在上面打字!"我认为,她不愿意收听《深夜女性时光》的真正原因是她宁愿它不存在。

在这里,默里因为对技术明显的一窍不通,而受到加维和艾特肯海德的攻击。在承认自己的无能是因为"指甲太长"时,默里在女权主义话语(挑战对女性缺乏技术"悟性"或惯常性注重外表的假设)中失去了权力。然而,在文章的结尾处,记者再次援引女权主义话语,就英国广播公司的(不)同酬问题质问两位主持人。默里在"女性提防女性"话语中,重新获得了她的权力位置,显然,她在该话题上更具权威性。随后,她又成功摧毁了话语本身的力量,原因是她为她们俩辩解("我们都不知道……我们都同意"),以彰显她们在支持重要女权主义事业方面的基本团结。默里认为,她们俩都无力抵制那些反对同工同酬的竞争性、非女权主义言论("英国广播公司的政策是保守秘密。我们都同意薪酬审计应该是强制性的……所以至少每个人对此都心知肚明")。而记者则认可她们的弱势立场,她写道:

我很震惊。2016年怎么还会发生这种事?

总的来说,话语层面分析的价值在于,它表明新闻媒体对高层女性的复杂表征如何帮助读者透过简单的信息和圆滑的论点,了解女权主义者的地位、成就、失败,以及面临的持续挑战。即使是在这种亲女权主义文本中,年长女性也没有被尊为榜样,而是不断受到竞争、保守和进步话语的挑战。《卫报》文章的复杂建构无疑具有重要价值,因为它不仅展示了女性领袖世界的混乱"现实",而且同时表明,对她们的建构并不是简单地根据女性或女权主义者的类别,相反,她们在不同的语境中产生相互交叉的自我。另外,该文也能够让普通读者接触、联系、提问这些女性领导人,后者则规避被定型为受害者、恶棍、高不可攀的榜样或统一性别的代表。尽管如此,在默里和加维作为受过高等教育的西方白人女性所享受的特权,以及诸多理所当然的文化假设方面,本文还是缺乏更深刻的批判。

在下一章中,我将回顾本书中使用的三种批评性视角,以便对报纸上有关女性领导人的文章进行多重分析,同时评估这三种视角对启发读者如何解读报纸媒体对女性领导人的建构,以及它们作为社会科学话语分析工具的意义和价值所在。

参考文献

Aitkenhead, D. (2016). *Woman's hour listeners like frank conversations about sex*. Retrieved January 4, 2017, from https://www.theguardian.com/lifeand-style/2016/oct/08/70-years-of-womans-hour-radio-4-jenni-murray-janegarveyinterview.

Baxter, J. (2010). *The language of female leadership*. Basingstoke: Palgrave Macmillan.

Baxter, J. (2012). Women of the corporation: A sociolinguistic perspective of senior women's leadership language in the UK. *Journal of Sociolinguistics*, 16 (1), 81–107.

Bucholtz, M. (ed.). (2004). *Language and woman's place: Text and commentaries*. Original text by Robin Tolmach Lakoff, revised and expanded edition, New York: Oxford University Press.

Coates, J. (2004). *Women, men and language* (2nd ed.). London: Longman.

Goleman, D. (1995). *Emotional intelligence*. New York: Bantam Books.

Holmes, J. (2006). *Gendered talk at work*. Oxford: Blackwell.

Kanter, R. M. (1993). *Men and women of the corporation* (2nd ed.). New York: Perseus Books.

Lakoff, R. (1975). *Language and woman's place*. New York: Harper and Rowe.

Mills, E. (2014, March 16). Bossy boots are made for walkin'—right to the top. *The Sunday Times*, p. 4.

Pearsall, J. (2002). *The concise Oxford English dictionary*. Oxford: Oxford University Press.

Pierce, A. (2016). *Bossy boots who loves to nanny Britain*. Retrieved April 21, 2017, from http://www.dailymail.co.uk/femail/article-3409249/Carrytissues-Wash-hands-Drink-tea-not-wine-step-away-Jammie-Dodger-issuesblizzard-finger-wagging-edicts-bossy-boots-loves-nanny-Britain.html.

Raschid, S. (Ed.). (2005). *R. D. Laing: Contemporary perspectives*. London: Free Association Books.

Schnurr, S. (2009). *Leadership discourse at work: Interactions of humour, gender and workplace culture*. Basingstoke: Palgrave.

Schulz, M. R. (1990). The semantic derogation of women. In D. Cameron (Ed.), *The feminist critique of language* (pp. 134–147). London: Routledge.

Sealy, R. (2010). Changing perceptions of meritocracy in senior women's careers. *Gender in Management: An International Journal*, 25(3), 184-197.

Sealy, R., Doldor, E., & Vinnicombe, S. (2016). *The female FTSE board report*. Cranford: Cranford University.

Shah, O. (2016). *Boss who took a big pay cut—but didn't force it on her colleagues*. Retrieved January 3, 2017, from http://www.thesundaytimes.co.uk/sto/business/business_interviews/article1675267.ece.

Sunderland, J. (2004). *Gendered discourses*. Basingstoke: Palgrave Macmillan.

The Online Etymological Dictionary. (2017). *Meaning of modesty*. Retrieved April 21, 2017, from http://www.etymonline.com/index.php?term=modesty.

UN Women. (2017). *Facts and figures: Leadership and political participation*. Retrieved January 3, 2017, from http://www.unwomen.org/en/what-wedo/leadership-and-political-participation/facts-and-figures.

Urban Dictionary. (2017). *Top definition 'bossy'*. Retrieved January 3, 2017, from http://www.urbandictionary.com/define.php?term=bossy.

第六章　反身法的未来

摘要： 在最后一章中，我首先回顾本书的研究目的和研究结果，以评估某些英国报纸是否认为女性领导人（不）适合担任领导职务，接着探讨研究这一主题的三种批评性视角即女性领导人成见类型、女权主义议程谱、女权后结构主义话语分析反身法的优势和局限，最后评估女权后结构主义话语分析反身法将如何帮助语言、性别和媒体研究的批评性学者、读者和学生以及女性领导人自身，重新获取正能量，从而将女性领导人从新闻对象（news subjects）转变为新闻主体（news agents）。

关键词： 反身法　主体性　主观能动性　性别歧视　女权后结构主义话语分析（FPDA）

前言

在本书中，我考察了女性领导人是如何被假定的、有限的性别特征所界定，而不是被助其成功升任高层职务的、多样的、复杂的、专业的素质所界定。在我看来，我们不需要接受这样的阅读，读者也远不会被动接受在日常生活中所遇到的新闻媒体文本，相反，他们可以对所阅读的文本做出积极的贡献。读者可以根据自己复杂的社会身份、经历以及所处的阅读和生活环境，在接受、抵制、拒绝和/或重新解释其含义等方面发挥自己的主观能动性。然而，在我们的文化中，种种报纸文章携手提供性别化信息，规范我们应该如何感知并表现出男性的阳刚之气和女性的阴柔之美，这也会限制我们准备阅读和回应此类文本的方式。此外，我们对文本的反应往往是多样的、不一致的，由此构建的意义，无论是对自己还是对他人，均非全然连贯。我们可以同时接受并拒绝文本的主导性信息。我们可能会把一篇优越感十足的关于女性领导人的文章斥责为"性别歧视"，但同时也可能吸收并保留一个基本信息，即男性这一社会类别比女性更适合担任高层领导。如果要抵制在西方文化中业已自然化的此类信息,我们就需要一个空间可以使用批评性。在这种情况下,以反身性的策略来"透视"并解构我们阅读的文本,同时还需要一个可以让读者进行回馈的空间:重构我们通过批评而解构的文本,并找到把这些文本转化为积极阅读体验的空间,而正是这种阅读体验可以让主观能动性回归到新闻对象本身。在最后一章中,我回顾本书的研究目的和研究结果,重点关注用于话语分析的反身法如何帮助批评性读者、学生和学者,以及女性领导人自身,重新获取正能量,从而将女性领导人从新闻对象转变为新闻主体。

我现在简单回顾一下本书的目标(参阅前言)。第一是基于英国三大主流报纸《每日邮报》(中右)、《星期日泰晤士报》(中立)和《卫报》(中左),探索不同职业的女性领导人在多大程度上被认为(不)适合担任领导职务。第二是分析女权主义议程谱内的文章对女性领导人的建构:明显仇视女性和/或反女权主义、性别中立,以及对女性友好和/或亲女权主义。第三是探讨三种不同批评性视角的使用,以评估它们各自对分析性别化报纸文本的贡献。这些视角是女性领导人成见、女权主义议程谱和反身法的框架。最后是思考这种新的反身法在分析报纸文本方面的未来潜力。下面,我依次回顾这四个目标的研究结果。

目标1:探讨女性是否被表明(不)适合担任领导职务

这三家报纸均表现出对杰出女性的迷恋,但这种迷恋未必会转化成认为女性适合担任领导职务的社论或新闻话语。女性领导人之所以让它们迷恋,主要是因为她们在外表、衣着、举止、言谈和职业实践等方面与男性截然不同。换言之,对女性的评判更多的是基于她们的性别,而不是她们作为领导人的表现和成就。当然,这一点因报纸而异,但它们均以不同的方式,把女性建构为偏离男性领导规范的另类,甚至是局外人。报纸对女性领导人这类新闻对象的性别化立场,主要受报纸政治倾向的影响,这一点从报纸自身的网站和其他报纸阅读网站(如 News UK, 2017)就可以看出。从我的研究结果来看,作为一家中右倾向的小报,《每日邮报》最有可能把女性建构为不符合常规期望的领导人,即期望她们应该如何说话、行事、管理、与同事合作、运行自己的机构。然而,即使女性的确符合男性规范,她们仍然会遭受严厉的批评。这种现象可以用"双重束缚"(Holmes,2006)的概念来加以解释。那些在行为上没有表现出女性气质"该有"的适度同情、温暖或迷人的领导人,会被谴责为缺乏作为女性应有的仁慈(如特蕾莎·梅和萨莉·戴维斯)。而那些表现出过多女性气质或超级性感的女性,则会被诋毁为缺乏作为领导人的实际技能(如萨夏·罗曼诺维奇和塔玛拉·梅隆)。

作为中间派和自我标榜的独立派,《星期日泰晤士报》用一种讽刺性的世界观来过滤其对女性的性别化立场,这种世界观看似说明,任何重要人物都值得开涮。这一点在特蕾莎·梅的专题文章中表现得尤为明显。在那些讽刺意味很强的意象漫画中,她成了哈姆林的花衣风笛手、掠夺成性的豹子、玛格丽特·撒切尔的复本,因为她太过阳刚、太过无情。像开涮任何一位男性政治家一样,对她的辛辣讽刺被视为一场"公平的游戏",但这些漫画夸大和嘲讽的恰恰是她的女性特征(衣服、鞋子、猫科类形象)。这儿的信息非常明确:女性领导人如果表现得比预期的(男性)规范更为强硬,就会因不可预测而被视为具有威胁性,因此不适合担任领导职务。《星期日泰晤士报》在其商业版的文章中,对罗曼诺维奇采取了一种截然不同的、明确的性别中立立场,重点关注的是她的商业成败。但即使是这篇文章,也在其潜台词中暴露出关于母性、女性独特的阴柔气质、女性语言(Lakoff,1975)等根深蒂固的假设,这就解释了罗曼诺维奇作为领导人的困难根源所在。最后,作为一份中左倾向的报纸,《卫报》支持、庆祝女性领导人的成功,看似在发出独一无二的声音。然而,其特写梅隆的文章同样投射出一种性别化立场,延续了对女权主义的二元叙事,即男人是所有恶行的根源,而女人则是男权制实践的无助受害者。在我看来,这种立场无助于证明"女性适合担任领导人"这一论点,因为它只是扭转了压迫性的、性别化的权力结构。对于领导人适任性与否的争论,需要重点报道的是不同性别的领导人之间的共通性,即经验、专业知识、生活方式和抱负等方面的共同基础。"男性""女性""阳刚"和"阴柔"之间的界限也需要变得更具渗透性,同时也要认识到性别仍然是人们职业身份的重要组成部分。

目标2：考察报纸文章如何定位于女权主义议程谱

我发现，我所考察的报纸文章都援用了与女权主义相关的议程，这反过来会影响读者如何解读对女性领导人的话语建构。这类文章大多基于一个前提，即女性领导人仍然是男性领导规范的例外，因而援引了对女权主义公开或隐含的立场：从仇视女性到性别中立，再到友好于女性。女权运动日益被西方两性平等类话语所认可，并且仍然是很多女性新闻的文化参考点（Mills & Mullany, 2011）。

我发现，报纸专题文章对女权主义原则的敌意主要表现为对女性个体的敌意。除了在不易察觉的话语层面，这类文章基本不会直接质疑女权主义原则。在这一点上，我鉴别出几种既不利于女性也不同情女权主义的话语，如"女性提防女性"和"雄心勃勃的女性都是疯子"。"仇视类文章"主要出现在持中右立场或中间立场的报纸中，如《每日邮报》和《星期日泰晤士报》。通过个体化其仇视的目标，报纸可以规避外界对它们的指控，即抵制两性平等和女性领导人机会均等的共识性话语。这些文章均把高层女性个人妖魔化为男性领导规范的例外，主要方式如下。第一，就强硬或"冷酷"而言，对女性的建构比男性领导人更为极端。相较于男性，女性更有可能采取异常残忍、野蛮或恶毒的行动，例如《每日邮报》重点关注了特蕾莎·梅解职前任内阁成员，或梅隆利用男性投资者。第二，把某些举措和行为建构为"对女性来说很不自然"：在升任领导人的过程中，她们业已丧失了女性气质。对所有特征的报道均被用来强化她们侵犯男性专业领域的非自然行为，如梅氏的冷酷无情或梅隆的古怪离奇。第三，性征化处理女性领导人。她们不是极度缺乏性感（在戴维斯的案例中），就是太过于性感因而具有掠夺性和威胁性（梅隆）。第四，基于可识别的成见类型（Kanter, 1993）——铁娘子、狐狸精、母亲和蜂后，建构女性领导人（特蕾莎·梅、梅隆、戴维斯、罗曼诺维奇）。这些成见类型不仅说明女性领导人沦为笑柄，而且表明她们的素质极为有限，因而无法成为有效的领导人。所有这些特征——极端、无情、反常、性感、刻板，均被用于强化对那些敢于担任领导职务女性的敌意。

持性别中立立场的文章则表现出对女权主义的模糊定位。可以说，该立场不过是抗衡主导性话语的一种形式，这些主导性话语无论是亲女权主义还是反女权主义,均强调性别差异。职场现实是,大多数行业的高层女性只占少数,她们只要出现在领导人专题文章中,就会引起读者对其特殊地位的关注。因此,如果使用文本策略去中和这种特殊地位,那将是一种逆向的"作者"行为(Barthes, 1970/1990)。在我看来,与支持主流性别分化话语相比,逆向写作和阅读要难得多。事实上,在文章中消弭性别很可能被视为女权主义的反抗行为:性别两极分化引起社会歧视。如此,在文章中设法瓦解性别分化的主导性话语,可能是对抗社会歧视的第一步。当然,一些女权主义学者把这种"更为雌雄同体的领导概念"视为她们前进的方向(参阅 Hoyt & Murphy, 206: 394)。在她们看来,这种概念可以:

消弭女性领导人为次等的成见式期望,从而减少潜在的成见威胁效应。

然而,我的研究表明,这种方法存在两个问题。首先,性别中立不过是在掩盖(通常会失败)其性别分化的影响。在对梅隆和罗曼诺维奇的文章进行话语分析的过程中,我发现了其对女性领导人进行性别化假设的"漏洞"。在梅隆的案例中,她作为一个商业领袖的失败被隐然挂钩于对她情绪和心理状况的担忧。布莱斯科尔(Brescoll, 2016)指出,这种女性比男性更为情绪化的观点是西方文化中最为强烈的性别成见之一。在罗曼诺维奇的案例中,她的领导风格被挂钩于对女性的性别化假设,即女性"更为温柔",更有可能是反思型、人际型、和解型,而不是强硬型、务实型、犀利型(Coates, 2004)。总的来说,这种性别中立立场是模糊的,因为它虽具备了服务于女权主义事业的外形,但往往是隐秘的性别化信仰的变形。

此外,我在第三章中提出,对文章进行性别中立化处理,可能会拭除女性领导人取得成就的重要背景因素。性别中立立场倾向于迎合一些人的利益:他们主张应该根据功绩来评判领导人,(或)认为领导人生活在后女权主义时代,女权主义导向的性别问题已经得到处理和解决(McRobbie, 2009)。因此,性别中立立场回避了几个问题:很少有其他女性升至职务阶梯的顶端;女性领导人需要克服哪些社会、经济和意识形态障碍;她取得成功的体制因素是什么;在没有明显障碍的情况下,哪些个人素养或体制使她能够升至职业顶端。

我的问题是,是否应该提出报纸专题文章中存在的这些问题。在提出这些问题时,存在一种风险,即女权主义对领导人成就背景的关注,会加剧而不是淡化话语的性别分化效应。答案或许是,女性在攀登事业顶峰的过程中面临诸多障碍,而提高对这种状况的批评性意识,需要经历不同的阶段。第一个阶段是提高对她们所面临的歧视的认识,而这种歧视仅仅源于她们的性别;第二个阶段是性别中立的合理阶段(我认为还没有达到)。彼时,社会性别已真正不再是社会分裂和偏见的根源。从后结构主义的视角来看,这两个阶段都是必要的临时举措,有助于促使人们转变态度、价值观、做法,以促进对女性领导人的理解和接受。

最后,亲女权主义文章并不一定代表其他所有文章都应该追求的标准。我所说的亲女权主义文章,不仅指那些明确表明自己的女权主义者身份,并给领导人的女权主义观点留出空间的文章,而且指那些明显对女性友好,即支持领导人前景、奋斗和成就的文章。在第三章中,我概述了几种女权主义版本以及新闻媒体通常采用的自由女权主义(Mills & Mullany, 2011)。即使在这里,也很难说自由女权主义可以被定义为一个有自己原则的独特版本。至少在英国,女权主义仍然是一个备受争议的话题:它代表着什么?价值如何?对这些问题的解读取决于诸多因素,如人们的年龄、教育、职业和政治立场。

在我研究的九篇文章中,有三篇明显将自己置于女权运动的框架之下。《卫报》给予梅隆空间去描述她本人对女权主义的看法;《每日邮报》直接转述戴维斯本人对女权主义信仰的一些评论,以此嘲讽她的极端主义和荒谬;《卫报》质询加维、默里的女权主义信仰,以及她们与广播节目的关系。《星期日泰晤士报》特写梅氏的文章,只含蓄提及这位保守党首相任命更多女性入阁的决定。《卫报》特写梅氏的文章异乎寻常地采取了性别中立立场,完全没有提及任何女权主义或对女性友好的行动。然而,这可能是借支持女性领导人发展的立场,抵消该报对保守党政治的敌意(The Paperboy, 2017)。

对三篇自我标榜为女权主义的文章,我的分析表明,女性领导人都支持自由女权主义。如第三章所述,该版本认为,女权主义的各种目标只有通过促进两性平等和禁止性别歧视的政策方能实现。几乎所有这些目标都是基于性别分化的流行话语。这给报纸媒体建构女性领导人带来的一个后果是,她们的世界被划分为简单的二元结构:女性被建构为男权制的受害者,而男性则被丑化为恶棍。如果她们克服了这种性别歧视,就会被尊为楷模。这种叙事的背后是女权主义的两极分化和异质化版本,而这种版本几乎没有给其他性别的人留下任何空间,这必然会催生其自身的性别化成见。《卫报》特写梅隆的文章,(以有所保留的方式)将这位领导人建构为男权制的受害者:根据她本人的描述,她一直饱受男性同事的偏见和歧视,最终导致她被孤立、排斥在她一手创办的公司之外。然而,在这种受害者/恶棍的叙事中,梅隆自封为年轻女性的女权主义榜样,以此努力获取荣光。同样,在特写戴维斯的文章中,她把自己打造成一个异常的女性,捍卫并支持她的女性同事,尽管她自封的榜样遭到了记者的嘲讽。

然而,我对报道加维和默里的文章的分析表明,文本自身基本(但不是完全)是本着女权后结构主义版本的精神而撰写的。该版本根据两极对立,对文本建构提出质疑,并试图代之以崩溃的二元对立、多重且相互竞争的身份建构、混乱但"亲切"的现实版本。《卫报》特写加维和默里的文章将自身定位于这种女权主义的替代版本。该版本邀请读者首先把两位女性看成女权主义的"姐妹",后期却发现这种观点遭到质疑并被推翻。该版本还邀请读者首先把两位看成"令人敬畏"的女性,后期却发现她们在公司内部却无力反抗不平等的薪酬问题。该文对多种相互竞争的声音开放:记者的声音、两位女性领袖本人的声音,以及每一位参与者所援引的其他声音。对于两位电台主持人的话语建构,读者/分析者很难把其视为一种理所当然,或已"尘埃落定"。记者援引女权主义话语,只是为了撤销这种话语与两位主持人之间的联系。对加维和默里的女权主义身份建构存在两可,即她们不能被某种特定的类别所束缚。两位主持人话语建构的局限在于,其作为白人、中产阶级、高学历女性的特权地位并没有被关注或质疑,而是被视为一种文化规范。下面两节将进一步讨论报纸文章如何提供女权后结构主义版本,以及这么做的优势。

目标3:评估三种批评性视角的使用

✲女性领导人成见

我解读报纸建构女性领导人的第一个视角是坎特(Kanter,1993)提出的"角色陷阱"或成见类型的经典框架(参阅第二章)。该概念框架最初用于解读同事在"真实"工作场所中对女性领导人的成见问题。据此,使用该框架分析新闻媒体对女性领导人的建构似乎也合乎逻辑。

我发现,使用该框架分析报纸对不同职业女性领导人的建构,既有优势也有局限。就优势而言,该视角与分析那些试图嘲讽和诋毁女性领导人的文章息息相关,因为角色陷阱提供了一种即时的讽刺漫画形式。该视角及其附带的分析方法也是识别女性领导人性别成见可视性和制约性的有效手段。对领导人的建构是否仅仅诉诸单一的领导人成见类型,这似乎是衡量文章对女性仇视程度的一个标准。成见类型越是单一、漫画化,文本建构就越具有讽刺性或敌意。如果可以简单化地勾勒出领导人的描绘边界,那就更容易引导读者给出行文既定的反应。如果诉诸一个以上的成见类型,则表明"真正的"领导人其实是一个相当复杂和多样的个体,很难被包含在单一的成见类型中。在对特蕾莎·梅的分析(第二章)中,我展示了所有三篇报纸文章如何在刻画首相的铁娘子形象之际,暗示其他竞争性的人物形象,如蜂后和狐狸精。这意味着梅氏并没有完全被主导性成见类型所束缚,而是出现了大量的"自我"。文本对其他成见类型的运用越多,领导人建构看起来就越个体化、多维化,从而减少文本引发读者负面反应(可预见)的可能性。最后,如果对领导人成见类型的识别变得模糊、难以捉摸、无关紧要,文章很可能在取向上是性别中立或对女性友好。这并不是说后两类文本不会援用女性领导人成见类型,而是说坎特的概念框架对它们而言不是一个非常有用的视角。

使用该框架和相关分析方法的另一个优势是,它们提供了语言学和符号学的类型学,用以识别报纸文本中普遍存在的性别成见。表6.1提供了分析所发现的主要特征。

表 6.1　显示女性领导人成见的语言学和符号学特征

语言学特征	视觉/符号学特征
讽刺、对立句,如"打造一个新型关怀型托利党:钢铁娘子出击"	贬损性照片:丑陋的面部表情、手势、衣着等等
用以联想缺乏吸引力人物的隐喻,如战争意象、战役、金属、暴力、动物野蛮	卡通画:夸张的特征;显示人物"类型"的穿着
用以描绘个人品质的负面评价词汇,如残忍、钢铁般的、专横跋扈、无情、凶猛	物品:用以标志/象征负面或恶心特征或文化参照的"小道具"
嘲讽性绰号和标签,如铁娘子、玛姬、多刺的同行	姿势:用以标识态度和行为的身体语言
未标识来源的评论:隐藏负面评论的责任,如"某人说……"	动物隐喻,如穿得像豹子的女人
转述言语:引用评论家的直接批评	图像系统组合:建构故事、因果、重复或前后的序列
无施事者的被动动词形式:隐藏批评人士的身份	特效,如步出照片传统画框的人物
故事结构:把人定型为固定的角色,如恶棍或英雄	交叉意象:援引其他意象进行描绘的某个人物,如穿得像小丑的首相

就局限而言,定性研究中对任何概念框架的演绎运用,都存在执行自我应验预言的风险。框架的演绎运用首先说明观察和分析语料的特殊方法,然后寻找可能证明该框架的证据。为了防止这种循环,我在分析的每个阶段都不断地进行自我反省(Hammersley & Atkinson, 1995)。一个预防措施是,我决定在一个更大的语料库中使用定性数据分析法(QDA),以寻找普遍主题和模式,这些主题和模式确认或质疑了一种观点,即女性领导人成见可能出现在负面的报纸建构中(第二章)。这些模式证实,尽管不是有意而为,某些报纸的确使用了坎特界定的经典成见类型。我自己的另一种方法更符合传统的定性研究(Denzin & Lincoln, 2000),即通过定性数据分析法,在没有任何理论偏见的情况下,让各种模式"自然"呈现。根据

这一备选方法,只有当所有模式都出现时,才能评估该框架对语料的价值和意义(Denzin & Lincoln, 2000)。

✷女权主义议程谱

我考察英国报纸对女性领导人进行话语建构的第二个视角是女权主义议程谱。应用这一框架的前提是,几乎所有特写女性领导人的报纸文章都会对其新闻对象采取一种受女权主义意识影响的立场,无论是嘲讽、否定、谴责、中立化、支持女权运动,还是赞美女权运动。基于第三章的分析,我提出,该框架可以结合话语分析、符号学和/或多模态分析法(Machin et al., 2016),并以两种方式使用。第一种方式是描述性、实用性的,仅用来识别报纸文本在女权主义议程范围内的取向。第二种方式是批评性的,用于解构明显或隐蔽的性别化立场,而这种立场对界定为女性的个体具有压制性。

第一个优势是,该框架认为女权主义议程谱中的所有立场都值得解构,无论是反女权主义、性别中立,还是亲女权主义。根据这一框架,对亲女权主义立场的支持并不是其他报纸文本应该追求的标准。该框架可以用来考察报纸文本提供的不同女权主义版本,如自由女权主义、激进女权主义、后女权主义或后结构主义等。分析者的任务是认识到女权主义有不同的版本,并阐明某种具体的取向可能会影响对新闻对象的建构方式。在解构《卫报》对梅隆采取的自由女权主义立场时,我发现,该立场对新闻对象并没有任何帮助。梅隆作为男权叙事中的受害者和女性楷模的话语建构,由记者不加批判地呈现出来,一如该领导人希望被看到的那样。她的声音被赋予了很大的空间,以至于压倒了记者和任何其他观点的声音。对该领导人矛盾自我的更复杂的了解,只能通过反身地、逆向地阅读文本来释放。

第二个优势是,该视角提供一种对语言学和符号学特征进行分类的方法,这些特征表明议程谱中的三种女权主义的立场。使用该方法可以识别哪些语言学和符号学特征标识了报纸文章的反女权主义、性别中立和自由女权主义立场。表6.2提供了我在分析中所发现的一些关键特征的分类。

表6.2 识别女权主义议程谱立场的话语和符号学特征

反女权主义	性别中立	亲女权主义
通过使用有限特征的漫画,诉诸坎特的成见类型	通过性别化假设的"漏洞",在一定程度上使用坎特的成见类型	没有证据表明使用坎特的成见类型;熟悉的女权主义叙事成见类型:受害者、恶棍、女英雄、角色模型
记者框定并介入直接转述领导人的评论	给予报道对象一定的空间;用新闻评论加以中和	记者不干涉或正面框定领导人的声音,且给予其可观空间
使用负面评价性词汇描述领导人	描述领导人的负面、正面词汇大致相等	基本使用正面的评价性词汇去描述领导人,传达好意、尊重、敬佩
记者嘲讽或负面评论领导人的女权主义观点	记者对女权主义的质疑是有限的	记者直接提出女权主义问题
给予有限空间去直接转述领导人对女权主义和相关问题的评论,或转述只是为了嘲讽	有限转述对领导人观点的评论,如配额、照看孩子、工作-生活之间的平衡等	通过领导人、记者和其他的声音拥护女权主义原则和/或议题
给予领导人成功之路有限的背景细节;对领导人过分简单化的个体化和个人化	提供领导人职业或机构的事实、数据和背景细节;职业发展;将领导人置于非性别化背景中	提供领导人职业/机构的某些事实、数据和背景细节;个体化领导人的成功,或将其置于父权制背景中
使用卡通画或有损形象的照片,如猝不及防的抓拍;强调某种特征;漫画	使用领导人自己提供的照片;职场背景中半正式的姿势	使用有助于领导人形象的图片,如姿势放松、微笑、在自己的环境中

该框架的第一个局限是,它仅映射了连续体中三个点的女权主义立场。然而,这种分析法的确有助于揭示这三个点之间诸多的"灰色地带"。例如,我发现实际很难找出一篇完全性别中立的文章。特写罗曼诺维奇的文章标榜性别中立,但对其的分析却揭示了该文对新闻对象隐秘的、性别化的假设,而这些假设更符合反女权主义立场。这一发现或许意味着,我对性别中立文本构成要素的评估从一开始就存在缺陷,但唯有进行更深入的话语分析,性别化的细微差异才得以显现。此外,后结构主义视角认为,任何文本都包含竞争性立场,但首选立场在其中占据主导地位(Barthes,1970/1990)。在我看来,《卫报》中那篇关于加维和默里的文章,以相互竞争的女权主义立场建构两位电台主持人:自由女权主义和后结构主义。自由女权主义负载女性范畴和姐妹情谊的本质主义期待,而后结构主义对主持人的建构则游走于不同的权力位置。第二个局限可能是,与坎特的女性领导人成见类型一样,该框架是一个演绎性而非归纳性的分析工具,即首先假设性预测女权主义与新闻对象建构之间的特殊关系。然而,我的前提是,女权主义问题现在已然深深植根于社会和媒体对女性领导人的讨论之中,以至于派生出我们"会发现其女权主义取向"的预测,这种预测同时可能是本研究的局限之处。

❈ 反身法

我考察英国报纸对女性领导人进行话语建构的第三个视角是基于女权后结构主义话语分析(FPDA)的反身法(参阅第一章)。总的来说,我发现,相较于前两个视角,反身法的考察范围更广,方法论更为系统,结果也更开放。该方法使文本分析者可以逆向阅读性别化报纸文本,无论其基调和信息主要是仇视女性、性别中立还是友好于女性。该方法的两个组成部分——解构阶段和重构阶段,基于一个前提,即任何文本都有而且应该有多种阅读方式,即使主导信息认可并例证了学者自己的原则和实践。逆向阅读的概念也基于一个前提,即所有文本都是开放的,可供替代性和抵抗性阅读,这或许会给分析者提供启发性、挑战性的视野。

在本书中进行了各种分析之后,我看到了反身法的优势,它不仅可以补充,而且可以取代其他两种方法。首先,解构阶段与其他批评性的话语分析法(如CDA)并无二致。沃达克(Wodak,2001:2)指出,CDA"旨在批评性地研究社会不公,因为这种不公是在话语中或通过语言使用，才得以表达、标志、构成和合法化的"。她表示，CDA 关注权力和支配"不透明或透明的结构关系"。范戴克（Van Dijk, 2001：96）对此补充说，CDA 是"有态度的话语分析"，"CDA 带有偏见，并为此感到自豪"。与 CDA 一样，FPDA 反身法挑战文本的不透明或显性的透明，深知意义的构建从来都不是简单明了的。反身法寻找文本中的歧义、矛盾、空隙、默化之处，以挖掘其凸显某些知识域而隐藏其他知识域的原因。然而，与 FPDA 一样，反身法不关注 CDA 的批评性议程，即找出权力滥用和存在的社会不公以"改善现状"（Wodak, 2001：10）。相反，它关注的是了解文本产生的现实版本，并为对新闻对象/主体的种种见解开辟空间，即使其中有些见解不太尽如人意。解构分析的女权主义视角关注两个问题：(1) 文本给读者提供了女性领导人的何种版本？(2) 这种版本是打开了主题的多视角版本，还是关闭了我们解读对象问题的视角范围？

其次重构阶段提供一种受德里达（Derrida, 1967）和巴特（Barthes, 1970, 1973）影响的分析形式，而其他批评性话语分析法则很少尝试。该方法超越简单的批评，有助于以替代性的、有竞争力的和更富洞察力的文本阅读方式来破坏和取代文本的主导性阅读。如第五章所示，文本中的空隙、歧义、隐藏的细节，默化之处派生出新的、更赋权的阅读方式。如此，文本得以重构。在此过程中，该方法既可以刺激读者，也可以重新赋予女性领导人一些主观能动性。对读者来说，反身法提供的策略不仅可以挑战那些创造首选阅读的支配性文本构型，而且还可以想象并创造再生文本的新方法。填补文本中的空隙，凸显被边缘化的知识域，并推翻其二元假设。如此，文章得以重新构建，不同的现实版本得以产生，从而扩大我们对领导人多重自我的了解，并质疑文章赖以建构的论证结构。对新闻对象，即女性领导人来说，这种对其角色的重新构想可以帮助她摆脱妖魔化、中性化或迷思建构的陷阱。她不再被简单地定义为女性，而是一个有具体年龄、阶层、种族、教育、地位和性别的个体。这种基于分析的重构行为可以激活女性领导人，并让对她的建构恢复一些能量，从而使她从一个单纯的新闻对象转变为一个具有主观能动性的新闻主体。让主观能动性回归领导人建构的不利之处是，她可能变得不太容易被了解、分类、评估、理解和(不)认可。女权主义学者可能会发现自己不太愿意对其表示支持或赞赏。领导人不再是所有女性的旗手，但她对读者的共鸣可以在特定时代和文化背景中加以理解。然而，有利之处是，由此释放的对领导人的多维度描述有助于破坏反女权主义文本中那些"女性领导人为局外人"的具化,或破坏性别中立、亲女权主义文本中"例外"女性领导人的迷思。她不再是一个类型或榜样,而是一个由素质、优势和劣势组成的复杂网络,可以启发读者如何去克服男性主导世界中的障碍。

最后,我使用反身法对报纸中的女性领导人文章进行评论,这使我能够发展一种工作方法,分析对女性领导人从敌对到友好的不同态度的文本。表6.3总结了该方法在四个层面上的分析,列举了在第四、五章分析中使用的解构和重构策略。我把这些策略看成一项仍在发展中的工作,读者或许想对之进行测试、修改、删除或添加。

表 6.3 运用反身法分析报纸文章建构女性领导人的策略(重点关注重构阶段)

分析层面	文本类型		
	仇视女性和/或反女权主义	性别中立	对女性友好和亲女权主义
微观语言	• 研究负面词汇的词源以再现正面意义 • 赋予负面词汇(如专横、保姆式)以正面价值 • 凸显用来描述领导人的正面词汇和短语	• 询问选来描述领导人的词汇是否真正不偏不倚 • 询问用来描述女性领导人的词汇能否同等适用于男性 • 询问我们是否能够找出替代性词汇或创造新的、对女性更为友好的词汇以填补词汇空白 • 凸显文中的类属词汇以替换性别化词汇	• 凸显用来命名、分类领导人的词汇范围,以揭示其身份的复杂性 • 质询把领导人归类为某种熟悉类别的词汇 • 提取含有正面意义的命名词的更多意义

续表

分析层面	文本类型		
	仇视女性和/或反女权主义	性别中立	对女性友好和亲女权主义
文本(即句上语言单位)	• 反对并扭转架构文本的二元对立词汇(如公共/私人、男性/女性) • 搜索文本中的不一致或矛盾之处；从中提取更为正面的意义 • 如果对立体中的二元同时为真，考虑你学到了什么	• 询问二元对立词汇(公共/私人)是否在背景中具有性别化含义 • 询问二元对立能否同等适用于男性领导人 • 复活对立体中的从属项，询问这么做以何种新鲜视角定位领导人，以重构对文本的阅读	• 如果文本简化并用漫画嘲讽领导人，解构其二元建构 • 将二元对立(如受害者/恶棍)改变成一个连续体，以表明诸多不同身份的存在
表征	• 寻找诉诸一个以上成见类型的表征证据 • 寻找领导人被多重建构的证据 • 寻找表征中的矛盾之处。领导人可以既是铁娘子又是母亲吗？这么做或许会挑战狭隘表征的逻辑	• 观察表征的性别可逆性：对领导人的描述能否同等适用于男性 • 如果过度强调领导人的私生活，设法更多关注公共、职业实践和成就	• 考察的领导人是被理想化为一个特例或性别榜样，还是以更为平衡的方式进行表征？ • 是某种身份要素(如种族、年龄、阶层、教育)而不是性别被视为理所当然吗？性别被公然凸显了吗？ • 寻找复杂建构的证据，即领导人是否被呈现为由多重身份要素构成 • 对领导人的表征多样且相互矛盾吗？

续表

文本类型	文本类型		
	仇视女性和/或反女权主义	性别中立	对女性友好和亲女权主义
话语	• 追踪全文对领导人的话语定位,评估她们的有力和无力之处 • 寻找分析者可以让之浮出水面的那些被抑制的话语 • 翻转主导话语,分析相应的领导人主体定位,如"女性提防女性"翻转为"女性支持女性"	• 揭露文本表层性别中立之下的性别化话语 • 考虑性别化话语是否与"性别中立"话语相互作用,以破坏或支持领导人的主体定位	• 追踪全文对领导人的话语定位,评估她们如何游走于有力和无力之间 • 复活被隐藏或边缘化的话语,以把细微之处和多种声音带到阅读中 • 寻找对立话语的中间立场或相互依存的关系。考察何种新女权主义话语会有助于缩小(压迫方/被压迫方)二元话语之间的差距

目标 4：考虑反身法分析报纸文章的未来潜力

"我从过去 7 个月的经历中得出的结论是，女人要想成功或进入公共领域，就会自动成为被谩骂的对象。"米勒说，"你的一切都饱受批评，但对男人来说，情况却不一样。这就是为什么我们认为媒体中的女性表征存在问题。你为什么要把自己置于被无情攻击的境地？"（Gina Miller，转引自《卫报》，Addley，9 March 2017）

吉娜·米勒是一名社会活动家和商界领袖，曾与英国保守党政府交锋，并成功争取到议会对"脱欧"（英国公众选择退出欧盟）的支持。我在本书的开头，引用了一条对她的新闻报道，现在引用她随后就公共生活中的女性所发表的言论来结束本书似乎较为合适。应用反身法分析报纸文章的未来潜力是更大图景中的一小部分，也是我撰写本书的动机。在公共生活中发挥重要作用的女性因其性别而依然引人注目。她们可能在外表、衣着、言谈、举止上不同于男性规范，如此，她们会成为别人迷恋的对象，偶尔还会被人崇拜。但更常见的是，她们会成为种种批评、嘲讽和谩骂的目标，社交媒体的匿名功能更是加剧了这一现象。报纸媒体对女性的负面和性征化表征不过是这种高度关注的一个出口。无论在语言上还是在视觉上，女性这一社会类别均被建构为规则之外的局外人和例外。几十年前，斯彭德（Spender，1980）和舒尔茨（Schulz，1990）等支配论提出者就首次记录了这一现象。几十年后的今天，情况依然如此。唯一不同的是，关于媒体如何对待、表征和建构女性的争论进一步扩大，出现了争议性和抵抗性的声音：有人选择把人类视为无性别或多性别的存在，有人希望指出充斥于日常生活中的那些猖獗之极的性别歧视（如 Bates，2014）。因此，我们这些女权主义者有责任以我们精通的方式继续抗议。

专门为性别和语言研究的话语分析者提供的、用以分析报纸文章的反身法，似乎是实现这一更大目标的一种专门性工具。该方法改编自 FPDA，并遵循其关键原则，如此，反身法似乎是为相对选定的目标受众（主要是熟悉各种话语分析法的学者和学生）而设计的。但是，在我看来，该方法只是一个起点，一个可以被批判和提炼的起点，一个可以被简化并改编以适应更广泛受众的起点。如果我的同事选择在研究生和本科生课程中使用这种方法，这种方法或许会传播给更广泛的受众。如果我的学生觉得这种方法有用，这种方法也可以被转换应用到他们毕业后的教学、市场营销、通信、公共关系、广告和活动管理等职业中。有趣的是，作为一名职业生涯即将结束的大学教师，我和很多语言学和商业管理专业的学生一直保持着联系，据他们说，他们已经将学到的话语分析工具应用于他们的职业。事实上，这套技能使他们更清楚地认识到，语言和话语完全可以介入、影响、改变人们的观点。

反身法的方法论不需要太过复杂。如果你想对某篇报纸文章做一个全面的分析，你当然可以应用整个框架，第四、五章已经对之进行了解释和说明。或者，你也可以选择四个层面中的一个来进行分析。仅在微观语言层面进行的分析，就可以提供证据说明这篇文章是基本性别化，还是性别中立或具有女权主义倾向。该层面的分析也会提供逆向阅读文本的机会，以挑战主导性阅读。在该层面上，你可以根据文章选择的词汇或措辞，提出文本阅读的新方法。除话语层面，其他层面的分析都可以独立进行，并提供适合于相应层面的见解。话语层面的分析确实需要全面、多层次的方法，以便在反身分析开始之前，为识别和命名话语提供充分的文本证据。此外，正如学者们经常将 FPDA 作为其口语语篇分析法的补充一样（如 Kamada，2010），反身法也可以增加重构阶段，从而补充对书面语篇的批评性分析方法。

总而言之，反身法要求从后结构主义的视角看待女权主义，以确定报道女性领导人的文章与女权主义之间的关系。我的观点是，我们都需要对所有报道女性领导人的文章进行考察，无论相关文章是否有女权主义凭据。这种观点不太可能吸引所有研究性别和语言的学者。虽然社会建构主义的性别观在很大程度上赢得了胜利,但学术界仍在争论我们应该在多大程度上关注女权运动扭转性别不公的解放目标(Cameron, 2005; Holmes, 2007; Mills & Mullany, 2011)。"后结构主义转向"将女权主义的关注点从全球转向地方,从宏观理论转向实用主义,从女性本质的普世性概念转向在特定背景中与其他身份范畴的显著交叉。例如,浏览吉娜·米勒在领导英国脱欧运动期间接受的网上信息就会很容易发现,无论她的种族还是她的性别都遭到了诋毁。只有了解这两个相互交织的身份类别所构成的双重威胁,才能解释对米勒政治行为的网络毒害。

结语

  我对自由女权主义立场的批评,或者对任何坚定女权主义立场的批评,不仅受到"后现代转向"的启发,而且受到任何将世界划分为对立范畴的理论或哲学(未考察对立范畴之间声音和立场的多样性)的启发。把男人定型为恶棍,而把女人定型为受害者的女权主义理论,将无法触及所有不以规范性别化术语来描述自己的受众。(本书提出了一个有问题的议题,即我在使用传统男性/女性术语的同时,对这些术语提出质疑)。这种女权主义理论也无法解释数百万女性的生活,她们远非无能为力,也不符合受害者范畴。她们的生活中或许存在体验偏见、歧视和压迫的性别化空间,但这些或许只是暂时性的,或为背景所限。大多数女性的无力基本不会千篇一律,而这种主观能动性赋予她们一定程度的能力去改变世界,正如很多人所拥有的那样。我对"亲女权主义"报纸文章进行分析,目的是要表明,作为个体的女性领导人在很多方面享有特权。其中一些女性自身甚至会导致性别歧视的长期存在。可悲的是,位高权重的女性并不总是支持其他女性。她们的成功往往以基层女性为代价,这些女性可能是雇佣到家里的儿童保育员、保姆、清洁工、厨师、园丁和管家,以及使这些高层女性的生活成为可能的秘书、文书和行政人员团队。她们的成功也可能以自己机构中那些同样渴望事业成功的热情、勤奋的基层女性为代价。可以说,相较于女性领导人的困境而言,还有更大领域的社会不公亟待解决。然而,如果杰出女性无法在职业领域自由工作,而又不用担心受到报纸和社会媒体的奚落和谩骂,那就几乎不可能暴露并轻松解决存在于其他领域的性别歧视。无论反身法如何运用,学者们都可以使用这个小小的方法,重新设想并重新建构女性领导人在公共领域的表征,以帮助改变现状。否则,正如米勒在上面所说的那样,如果报纸继续以简化的方式建构杰出女性,那"你为什么要把自己置于被无情攻击的境地"?

参考文献

Addley, E. (2017, March 9). Everything about you is criticised. Gina Miller and Tulip Siddiq on women in the public eye. *The Guardian*, p. 7.

Barthes, R. (1970/1990) *S/Z*. Oxford: Blackwell Publishing.

Barthes, R. (1973). *Mythologies*. London: Granada.

Bates, L. (2014). *Everyday sexism*. London: Simon and Schuster.

Brescoll, V. L. (2016). Leading with their hearts? How gender stereotypes of emotion lead to biased evaluations of female leaders. *The Leadership Quarterly*, 27(3), 415–428.

Cameron, D. (2005). Language, gender and sexuality: Current issues and new directions. *Applied Linguistics*, 26(4), 482–502.

Coates, J. (2004). *Women, men and language* (2nd ed.). London: Longman.

Denzin, N. K., & Lincoln, Y. S. (2000). Introduction: The discipline and practice of qualitative research. In N. K. Denzin & Y. S. Lincoln (Eds.), *Handbook of qualitative research* (pp. 1–29). London: Sage Publications.

Derrida, J. (1967). *Of grammatology*. Baltimore: John Hopkins Press.

Hammersley, M., & Atkinson, P. (1995). *Ethnography* (2nd ed.). London: Routledge.

Holmes, J. (2006). *Gendered talk at work*. Oxford: Blackwell.

Holmes, J. (2007). Social constructionism, postmodernism and feminist sociolinguistics. *Gender and Language*, 1(1), 51–56.

Kamada, L. D. (2010). *Hybrid identities and adolescent girls*. Bristol: Multilingual Matters.

Kanter, R. M. (1993). *Men and women of the corporation* (2nd ed.). New York: Perseus Books.

Lakoff, R. (1975). *Language and woman's place*. New York: Harper and Rowe.

Machin, D., Caldas-Coulthard, C., & Milani, T. (2016). Doing critical multimodality in research on gender and language. *Gender and Language*, 10(3), 301–308.

McRobbie, A. (2009). *The aftermath of feminism: Gender, culture and social change*. London: Sage.

Mills, S., & Mullany, L. (2011). *Language, gender and feminism: Theory, methodology and practice*. London: Routledge.

News UK. (2017). *The Sunday Times*. Retrieved from https://www.news.co.uk/what-we-do/the-sunday-times/. Accessed 12 Feb 2017.

Schulz, M. R. (1990). The semantic derogation of women. In D. Cameron (Ed.), *The feminist critique of language* (pp. 134–147). London: Routledge.

Spender, D. (1980). *Man-made language*. London: Pandora Press.

The Paperboy. (2017). *The UK newspaper guide*. Retrieved from http://www.thepaperboy.com/uk/uk-newspaper-guide.cfm. Accessed 12 Feb 2017.

van Dijk, T. (2001). Multidisciplinary CDA: A plea for diversity. In R. Wodak & M. Meyer (Eds.), *Methods of critical discourse analysis* (pp. 95 – 120). London: Sage Publications.

Wodak, R. (2001). What is CDA about? A summary of its history, important concepts and its developments. In R. Wodak & M. Meyer (Eds.), *Methods of critical discourse analysis* (pp. 1 – 13). London: Sage Publications.

索 引

A

逆向(Against the grain): 3、13、19、40、43、48、77、79、83 - 85、87、88、90 - 92、95、99、100、104、105、107、109、142、143、149、151、157

(主观)能动性(Agency): 3、16、59、80、81、92、104、133、138、139、152、158

顺向(Along the grain): 83、84、87、91、106、116、126

B

巴特(Barthes, R.): 32、33、35、36、48、70、73、80、100、142、150、152、159

巴克斯特(Baxter, J.): 3、15 - 18、20、28 - 30、33、48、57、59、60、73、80 - 82、92、100、111、119、135

比格内尔(Bignell, J.): 25、32、38、43、49、84、100

专横(Bossy): 85、102、106 - 108、110 - 112、136、137、147、153

布莱斯科尔(Brescoll, V. L.): 5、6、20、25、49、143、159

C

卡梅伦(Cameron, D.): 8、20、23、37 - 39、40、41、44 - 46、49、50、51、54、55、69、73、75、94、102、137、157、159、160

科茨(Coates, J.): 3、20、114、136、143、159

库珀(Cooper, R.):3、20、78、100

D

(萨莉·)戴维斯(Davies, Sally):100、106-115、140、142、144、145

解构(Deconstruction):参阅"逆向"(Against the grain)

解构分析(deconstructionist analysis):77、78、81、84、88、104、119、148、149、151-153

妖魔化(Demonisation/demonise):3、19、26、42、43、45、60、69、70、84、93、104、105、142、152

丹曾、林肯(Denzin, N. and Lincoln, Y.):33、49、148、159

德里达(Derrida, J.):3、21、80、81、101、152、159

话语(Discourse(s)):1-4、7-10、15-20、22、23、25、32、34、37-39、42、43、49、50、52-54、58、59、61、66、68、71、72、75、77-79、81、84、93、95-99、100、101、110、113-115、117、123-125、132-146、148、151、152、155-157、161。同时参阅性别化话语(Gendered discourses)

话语分析(discourse analysis):2、4、15-17、19、25、32、34、49、77、84、138、139、143、148、150-152、156、157、161

话语类型:

生意是场游戏(business as a game):95

商业服务于社会利益(business for the social good):123-125

商业实践高于理论(business practice over theory):123-125

女权主义意味着反男性(feminism means anti-men):114

亲吻和倾诉(kiss and tell):99

领导人的多重自我(leader as multiple selves):123

男性、女性领导人最了解(male/female leaders know best):99

对女人的正面偏见(positive discrimination of women):115

骄者必败(pride comes before a fall):66、68、83、95、97、98

女人提防女人(women beware women):43、71、72、83、95、96、132、134、142、155

女人支持女人(women support women):96、155

E

赋权(的)[Empowerment(ing)]:3、16、79、90、97、101、128、152、

F

女权主义(Feminism)

反女权主义(anti-feminist):14、18、52、53、58-63、68、72、78、79、85、88、90-92、95、98-100、105、106、113-115、139、142、149、150、153、154

女权主义议程谱(feminist agenda spectrum):1、4、18、48、52、78、138、139、141、148、149

女权后结构主义[feminist poststructuralism(t)]:1、3、4、7、9、10、15、16、77、78、80、82、91、105、138、145、151

女权后结构主义话语分析(FPDA)(feminist poststructuralist discourse analysis(FPDA)):4、15、77、138. 同时参阅话语分析(Discourse analysis)

第一波(first-wave):54

自由女权主义(liberal feminist):2、3、52、54、55、58、63、64、72、80、90、91、94、99、128、144、148、149、150、158

现代主义(modernist):1、16、17、53、54、55、73、80、82、90、98、99、127、131

后女权主义(post-feminism):52、58-60、66、68、76、125、143、148

亲女权主义(pro-feminist):14、18、40、52-56、60、62、63、65、72、78、79、85、87、90、91、94、98、100、105、113、115、126、130、132、133、139、144、148-150、152-155、158

流派(schools of):54

第二波(second wave):54-56、82、90、127

第三波(third wave):54、55、82

福柯(Foucault, M.):7、15、17、20、77、80、101

G

(简·)加维(Garvey, Jane):100、106、126、127、129-135、144-146、150

性别(Gender):2、4-9、11、15-18、20-24、25-27、32、38、47、48-50、53-59、68、72、72-73、75、76、78、81、82、85-87、90-94、97-99、100、101、109、112、114、116、117、119、120、124、127、131、132、135、136、138、140-

145、152、154、156－158、159、160

性别和领导(力)(gender and leadership):5、18、21、49、114

性别化话语(gendered discourses):1、4、9、10、15、16、22、23、50、68、72、75、113、132、136、155

性别中立[gender-neutral(ity)]:7、14、18、19、38、52、53、56－58、62、65－68、70、78、79、85、86、89、90、93、94、96、97、104－121、125、128、139、141－144、147－151、153－155、157

性别成见(gender stereotypes):6、18、20、26、48、49、101、143、147、159 同时参阅角色陷阱(Role traps)

吉尔(Gill, R.):9－12、18、21、70、74

格莱威尔斯(Gravells, J.):25、32、34、49

H

哈默斯利、阿特金森(Hammersley, M., and Atkinson, P.):14、21、49、148、160

霍姆斯(Holmes, J.):9、15、21、74、82、101、112、123、136、140、157、160

霍伊特、墨菲(Hoyt, C. L., and Murphy, S. E.):5、6、7、22、25、27、49、143

I

冒名顶替综合征(Imposter syndrome):64、94、112、114、115

互文性(Intertextuality):17

K

坎特(Kanter, R. M.):4、9、18、19、22、25、26、27、28、29、30、33、37、50、91、93、101、111、136、142、146、148、149、160

概念框架(conceptual framework):3、25、91、146、147、148

铁娘子、战斧(iron maiden/battleaxe):18、25、26、28、32、34、38、40、41、43－48、67、84、92、93、111、112、142、146、154

母亲(mother):18、25、26、29、30、34、47、92、111、112、122、142、154

宠物(pet):18、25、26、30、31、34、47、92、111

蜂后(queen bee):6、7、18、21、31－34、43、44、48、49、72、92、142、147

角色陷阱(role traps):18、25－27、

29、32、111、112、146

狐狸精（seductress）：13、18、25、26、28、29、32、34、47、69、72、92、111、142、147

科勒（Koller, V.）：39、50

L

莱考夫（Lakoff, R.）：121、124、136、141、160

拉里斯、马吉奥（Larris, R. and Maggio, R.）：57、70、74、79、101

领导力（Leadership）

商业（界）（business）：2、4、5、14、15、27、39、62、66－69、72、87、90、93、96、97、116、117、119－121、123－125、141

政治（界）（political）：2、4、14、15、39、44、47、56

成见（类型）（stereotypes）：4、6、7、13、18、19、25、26、28、32－35、37、44、47、91－95、111、113、115、121、138、139、142、146－149、154

利特塞丽缇（Litosseliti, L.）：16、22

M

（特蕾莎·）梅、梅氏（May, Theresa）：4、18、37－40、48、84、92、93、140、142、144、146、147

麦克罗比（McRobbie, A.）：58、59、60、61、74、143、160

（塔玛拉·）梅隆（Mellon, Tamara）：52、53、62、72、87－90、95－99、130、140－145、149

默克尔（Merkel, A.）：5、33、89

（吉娜·）米勒（Miller, Gina）：1、2、10、16、23、155－159

（埃莉诺·）米尔斯（Mills, E.）：85、87、102、108、136

米尔斯，S.（Mills, S.）：54、55、61、74、86、102

米尔斯、姆拉尼（Mills, S. and Mullany, L.）：16、22、52、54、55、58、74、141、144、157、160

明特（Minter, H.）：62、63、65、75

姆拉尼（Mullany, L.）：16、22

（詹妮·）默里（Murray, Jenni）：100、106、126、135、144－146、150

N

报纸（Newspapers）

《卫报》(*The Guardian*):2、3、14、18、25、33、34、37、44、47、48、52、53、60、62、63、65、72、87、90、98 - 100、105、126、135、139、141、144、145、149、150、156

《每日邮报》(*The Daily Mail*):2、11、12、14、18、25、33、34、37 - 40、43、48、52、53、61 - 63、66、68、69、72、86、89、95、96、100、105、106、139、140、142、144

《星期日泰晤士报》(*The Sunday Times*):2、14、15、18、25、33、34、37、40、43、48、52、53、62、65、66、69、85、87、89、92、97、100、105、108、116、117、139、140 - 142、144

P

视角(Perspectives):参阅女权主义(Feminism)

政治正确性(Political correctness):58、61

后结构主义(Poststructuralism)

后结构主义者(poststructuralist):16、19、54、55、59、62、77、78、80、81、99、104、105、128、131、144 - 146、148、150、157

R

种族身份(racial identities):5

重构分析(reconstructive analysis):77、120、121

反身性(Reflexivity)

反身法(reflexive approach):4、16、19、73、77 - 80、82 - 84、87 - 90、94、95、97、100、104、105、110、125、126、130、138、139、151 - 153、155 - 157、159

话语(层面)分析(discoursal analysis):19、77、84、85、95、105、113、118、123、131、135、142、155、157

微观语言(层面)分析(micro-linguistic analysis):19、77、84、85、88、95、96、105、106、113、118、119、126、128、153、157

表征(层面)分析(representational analysis):19、77、84、85、91、92、95、96、105、113、118、121、130、154

文本(层面)分析(textual analysis):19、77、79、84、85、88、95、96、105、108、113、118、119、128、154、157

表征(Representation):1、2、4 - 6、13、19、27、32 - 35、64、72、78、79、87、91 - 96、110 - 113、118、121 - 123、130、

131、135、146、154、156

角色陷阱(Role traps):参阅坎特(Kanter)

(萨夏·)罗曼诺维奇(Romanovitch, Sacha):90、100、106、116-125、140-143、150

S

索绪尔,(Saussure, F. de):80、101

西利等(Sealy, R. et al.):5、8、23、57、75、116、117、137

符号学(Semiotics)

符号学分析(semiotic analysis):18、25、32、35

唯美主义(aestheticism):36

物品(objects):36、41、63、70、147

摄像加工(photogenia):36、45、70

姿势(pose):36、38、41、45、63、68、116、122、147、150

系统组合(syntax):36、40、126、147

特效(trick effects):36、68、111、147

性别主义(Sexism):9、56、74、85、102、108、145、156、159

姐妹情谊(Sisterhood):55、64、72、75、127-130、150

成见(类型)(Stereotypes):参阅性别成见化(Gender stereotyping)

成见威胁(stereotype threat):6、7、22、27、49、143

媒体中的成见(化)(stereotyping in the media):15、18

桑德兰(Sunderland, J.):2、9、10、17、23、43、50、60、71、72、75、132、137

记者(露丝·)桑德兰(Sunderland, R.):9、10、23、69、70、72、75

W

沃克定(Walkerdine, V.):3、24、80、103

威登(Weedon, C):3、15、16、24、80、81、103

露丝·沃达克(Wodak, R.):151、152、161

女性(Women):参阅詹妮·默里(Murray, Jenni);简·加维(Garvey, Jane);萨莉·戴维斯(Davies, Sally);特蕾莎·梅(May, Theresa);塔玛拉·梅隆(Mellon, Tamara);萨夏·罗曼诺维奇(Romanovitch, Sacha)

性征化(sexualise/sexualisation): 1、2、11、18、42、59、92、105、111、142、156

女性商界领导人(领袖)(women business leaders):52、72

女性领导人(women leaders):1-8、11、13-16、18、19、21、25、27、28、31-34、36、42、48、49、52、53、56、57、63、64、72、73、75、78、79、82、84-88、90、92、94、97-99、104、105、111、112、116、118、125、126、131、135、138-143、145、146、148、151-153、157-159

女性领导人成见类型(women leader stereotypes):1、25、28、32、33、47、91、115、138、146-148、150

女性政治领导人(women political leaders):48、100

《女性时光》(Woman's Hour):61、75、106、126、128、129、131、133、135

女性语言(women's language):121、125、141